MARCO ⊕ POLO
MENORCA

**Reisen mit
Insider-Tips**

*Diese Tips sind die ganz speziellen
Empfehlungen unserer Autoren.
Sie sind im Text gelb unterlegt.*

*Fünf Symbole
die Orientierung in diesem Führer erleichtern.*

für Marco Polo Tips – die besten in jeder Kategorie

für alle Objekte, bei denen Sie auch eine schöne Aussicht haben

für Plätze, wo Sie bestimmt viele Einheimische treffen

für Treffpunkte für junge Leute

(A 1)
Koordinaten für die Übersichtskarte

*Diesen Führer schrieb Jörg Dörpinghaus. Der gelernte
Werbefachmann lebt seit 1985 auf den Balearen und ist
dort vor allem als Autor deutschsprachiger Veröffentlichungen
und im Bereich Umweltinformation bekannt.
Die Marco Polo Reihe wird herausgegeben
von Ferdinand Ranft.*

MAIRS GEOGRAPHISCHER VERLAG

Für Ihre nächste Reise gibt es folgende Titel dieser Reihe:

Ägypten • Alaska • Algarve • Allgäu • Amrum/Föhr • Amsterdam • Andalusien • Antarktis • Argentinien/Buenos Aires • Athen • Australien • Bahamas • Bali/Lombok • Baltikum • Bangkok • Barcelona • Bayerischer Wald • Berlin • Berner Oberland • Bodensee • Bornholm • Brasilien/Rio • Bretagne • Brüssel • Budapest • Bulgarien • Burgenland • Burgund • Capri • Chiemgau/Berchtesgaden • China • Costa Brava • Costa del Sol/Granada • Costa Rica • Côte d'Azur • Dänemark • Disneyland Paris • Dolomiten • Dominik. Republik • Dresden • Dubai/Emirate/Oman • Düsseldorf • Eifel • Elba • Elsaß • England • Erzgebirge/Vogtland • Feuerland/Patagonien • Finnland • Flandern • Florenz • Florida • Franken • Frankfurt • Frankreich • Frz. Atlantikküste • Fuerteventura • Galicien/Nordwest-Spanien • Gardasee • Gran Canaria • Griechenland • Griech. Inseln/Ägäis • Hamburg • Harz • Hawaii • Heidelberg • Holland • Hongkong • Ibiza/Formentera • Indien • Ionische Inseln • Irland • Ischia • Island • Israel • Istanbul • Istrien • Italien • Italien Nord • Italien Süd • Ital. Adria • Ital. Riviera • Jamaica • Java/Sumatra • Jemen • Jerusalem • Jordanien • Kalifornien • Kanada • Kanada Ost • Kanada West • Karibik: Große Antillen • Karibik: Kleine Antillen • Kärnten • Kenia • Köln • Kopenhagen • Korsika • Kreta • Krim/Schwarzmeerküste • Kuba • Lanzarote • La Palma • Leipzig • Libanon • Lissabon • Lofoten • Loire-Tal • London • Luxemburg • Madagaskar • Madeira • Madrid • Mailand/Lombardei • Malediven • Mallorca • Malta • Mark Brandenburg • Marokko • Masurische Seen • Mauritius • Mecklenburger Seenplatte • Menorca • Mexiko • Mosel • Moskau • München • Namibia • Nepal • Neuseeland • New York • Normandie • Norwegen • Oberbayern • Oberital. Seen • Oberschwaben • Österreich • Ostfries. Inseln • Ostseeküste: Mecklbg.-Vorp. • Ostseeküste: Schlesw.-Holst. • Paris • Peking • Peloponnes • Pfalz • Polen • Portugal • Potsdam • Prag • Provence • Rhodos • Rom • Rügen • Rumänien • Rußland • Salzburg/Salzkammergut • San Francisco • Sardinien • Schottland • Schwarzwald • Schweden • Schweiz • Seychellen • Singapur • Sizilien • Slowakei • Spanien • Spreewald/Lausitz • Sri Lanka • Steiermark • St. Petersburg • Südafrika • Südamerika • Südengland • Südkorea • Südsee • Südtirol • Sylt • Syrien • Taiwan • Teneriffa • Tessin • Thailand • Thüringen • Tirol • Tokio • Toskana • Tschechien • Tunesien • Türkei • Türk. Mittelmeerküste • Umbrien • Ungarn • USA • USA: Neuengland • USA Ost • USA Südstaaten • USA West • Usedom • Venedig • Vietnam • Wales • Die Wartburg/Eisenach und Umgebung • Weimar • Wien • Zürich • Zypern • Die 30 tollsten Ziele in Europa • Die tollsten Hotels in Deutschland • Die tollsten Restaurants in Deutschland

Die Marco Polo Redaktion freut sich, wenn Sie ihr schreiben:
Marco Polo Redaktion, Mairs Geographischer Verlag
Postfach 31 51, D-73751 Ostfildern

Unsere Autoren haben nach bestem Wissen recherchiert. Trotzdem schleichen sich manchmal Fehler ein, für die der Verlag keine Haftung übernehmen kann.

Titelbild: Cala Macarelleta (Huber/R. Schmid)
Fotos: Amberg (4, 18, 20, 37); Baumli (48, 78); Dörpinghaus (24); HB Verlag, Hamburg (7, 26, 28, 39, 52, 57, 64); Lade: BAV (85), Ott (Anreise, 72), Wrba (77); Mauritius: World P./Holt (62), Mehlig (32, 58), Waldkirch (31, 50); Thiele (10, 46, 55); Timmermann (14, 23, 66)

1. Auflage 1996 © Mairs Geographischer Verlag, Ostfildern/Hachette, Paris
Gestaltung: Thienhaus/Wippermann (Büro Hamburg)
Lektorat: José Barth
Kartographie: Mairs Geographischer Verlag
Sprachführer: In Zusammenarbeit mit Ernst Klett Verlag für Wissen und Bildung GmbH,
Redaktion PONS Wörterbücher.

Das Werk einschließlich aller seiner Teile ist urheberrechtlich geschützt. Jede urheberrechtsrelevante Verwertung ist ohne Zustimmung des Verlages unzulässig und strafbar. Das gilt insbesondere für Vervielfältigungen, Übersetzungen, Nachahmungen, Mikroverfilmungen und die Einspeicherung und Verarbeitung in elektronischen Systemen.

Printed in Germany
Gedruckt auf 100% chlorfrei gebleichtem Papier

INHALT

Auftakt: Entdecken Sie Menorca! 5
*Kann denn Urlaub Sünde sein? Ein Naturparadies versucht
seine Unschuld zu bewahren*

Geschichtstabelle 12

Menorca-Stichworte: Tanques, Taules, Talaiots 15
Ein Querschnitt durch Menorcas kleine und große Eigenheiten

Essen & Trinken: Felder und Meer decken den Tisch 21
*Einfach, ehrlich, erdverbunden – Menorcas echte Küche
kommt wieder zu Ehren*

Einkaufen & Souvenirs: Modeschmuck und manches mehr 25
*Familienbetriebe und Kleinmanufakturen entwickeln ein
bemerkenswertes Faible für Klassisch-Elegantes*

Menorca-Kalender: Heiße Johannistage 29
Wiehern und Hufgeklapper gehören zu den bunten Inselfesten

Maó und die Ostspitze: Merry Minorca 33
*Den Engländern verdankt Maó seinen Rang als administratives
und geschäftliches Zentrum der Insel*

Die Tramuntana: Rauher, grüner Norden 53
*Wo der Wind die Gestalt der Erde und das Wesen des
Menschen formt*

Migjorn und das Inselzentrum: Die liebliche Inselseite 63
*Die längsten Strände, die bekanntesten Buchten und die
größten Hotels liegen im Inselsüden*

Ciutadella und die Westspitze: Menorcas mediterrane Seele 73
*Weiche Sand- und Ockertöne, wettergefurchte Fassaden,
gepflasterte Gassen, pastellfarbene Altstadtpaläste*

Praktische Hinweise: Von Auskunft bis Zoll 86
*Nützliche Tips, wichtige Adressen, Hilfestellung für den
Menorca-Aufenthalt*

Warnung: Bloß nicht! 92
*Zwar gibt es kaum Kriminalität, doch drohen andere Widrigkeiten,
denen es vorzubauen gilt*

Was bekomme ich für mein Geld? 94

Register 95

Übersichtskarte 96

Sprachführer Spanisch: Sprechen und Verstehen ganz einfach 97

AUFTAKT

Entdecken Sie Menorca!

*Kann denn Urlaub Sünde sein? Ein Naturparadies
versucht seine Unschuld zu bewahren*

Gleich zweimal vergriff sich auf der großen Nachbarinsel Mallorca die inselübergreifende Regierung der Balearen gewaltig in der Auswahl des Titelfotos für den Hauptprospekt »Menorca«. 1983 präsentierte der *Govern Balear* statt anmutiger Menorca-Buchten ein Bild von Formentera. Und auch in der Ausgabe 1994 wurde die nördlichste der Baleareninseln mit fremden Federn geschmückt. Diesmal warb die mallorquinische Cala Pí auf der ersten Seite der Werbebroschüre für Menorca. Der Mißgriff war nicht nur peinlich, sondern vor allem ganz und gar unnötig: Einige der besonders schönen und, heutzutage fast noch wichtiger, sozusagen jungfräulichen Bilderbuch-Badebuchten befinden sich gerade auf der kleineren der beiden *Gymnesiae*, wie Mallorca und Menorca im Altertum genannt wurden. Die türkisblauen Wellen an der Cala Macarella, die sanft in der Meeresbrise sich wiegenden Pinienhaine der Cala En Turqueta, der

muschelförmige Strand von d'en Castell, die jahrhundertealten Höhlenmäuler in den Cales Coves – sie alle bringen Heimatdichter genauso ins Schwärmen wie den sonst eher prosaisch denkenden Urlauber.

Paradox ist, daß der Insel gerade diese beeindruckenden Naturschönheiten in Zukunft zum Verhängnis werden könnten. In Zeiten, da Natur, brach und ungezähmt, immer rarer wird, verhelfen solche Attribute zu steigendem Marktwert. Keine Frage also: Menorca ist »in«. Spätestens seit die gesamte Insel vom Unesco-Komitee »Mensch und Biosphäre« zur *Reserva de la Biosfera*, zum »Biosphäre-Reservat«, erklärt wurde, brummt das Geschäft um den Tourismus wie nie zuvor. So gelang im ersten Halbjahr 1995 zum erstenmal die Durchbrechung der 600 000-Passagiere-Grenze, bisher die als unbezwingbar geltende Schallmauer im Flugverkehr. Die Anzahl der Feriengäste nahm in derselben Zeitspanne gegenüber 1994 um 14 Prozent zu. Der GOB, aktivste Umweltschutzorganisation der Balearen und größtes privates Organ seiner

*Die wildromantische Felsenbucht
Cala Rafalet unweit von Maó*

Art in Spanien überhaupt, hebt deshalb mahnend den Finger. Anträge für Baugenehmigungen, die zu einer Verdoppelung der bestehenden Hotelkapazität führen würden, lägen bereits vor, warnen die Umweltschützer. Dann drohe Menorca am eigenen Erfolg zu ersticken.

Das Problem ist auch der Regierung durchaus bekannt. Dafür, daß Natur erhalten bleibt, wurde einiges getan. Nicht umsonst zählen die Gewässer um die Balearen zu den saubersten des Mittelmeeres. Unter dem Motto »Kein Tropfen Abwasser ungeklärt ins Meer« wurden von den 70er Jahren an Kläranlagen gebaut. Heute liegt die Quote der gereinigten Abwässer auf Menorca bei 95 Prozent. Das ist weit über dem Spanien-, auch über dem EG-Durchschnitt, der knapp 7 Prozent erreicht. In einer zweiten Bauphase rüstet man nun die bestehenden Anlagen mit einer dritten Klärstufe aus. Getreu dem neuen Motto »Kein Tropfen Brauchwasser ins Meer« wird fortan geklärtes Abwasser wiedereingespeist, etwa zur Verwendung in Land- und Viehwirtschaft, aber auch zur Bewässerung von Parks und Grünflächen. Klärschlamm wird in einem Kompostierwerk mit deutschem Knowhow aufbereitet.

Ein revolutionäres Naturschutzgesetz stellt seit 1991/92 auf den Balearen Gebiete unter Schutz, die 39,75 Prozent der Gesamtfläche ausmachen. In den sogenannten *espacios naturales* darf nicht mehr für Massen gebaut werden; in den noch strenger geschützten Gebieten ist selbst die Durchfahrt mit dem Auto untersagt. Auf Menorca selber stehen sogar 42,67 Prozent des Landes unter Naturschutz.

Für beruhigendes Grün sorgen vor allem größere Waldflächen. Rund 40 Prozent der Insel sind bewaldet, hauptsächlich mit Pinien und Aleppokiefern. Große zusammenhängende Waldflächen umgeben die Gemeinden Es Mercadal (6500 Hektar), Ciutadella (2500 Hektar) und Ferreríes (1600 Hektar). Aber auch im Hinblick auf den Artenreichtum an Pflanzen hat Menorca einiges zu bieten. So kommen in den trockenen Sturzwassergräben, den *barrancs*, bis zu 200 verschiedene Pflanzenarten vor, von denen 25 nur auf Menorca zu finden sind. Auch mehrere Tierarten sind eng mit dem menorquinischen Lebensraum verbunden. Die *cavalls* zum Beispiel gehören einer speziellen, inseleigenen Pferderasse an, und für zehn Tier- und vier Pflanzenarten wurde die Insel sogar zum genetischen Reservoir erklärt. Die häufig zu sehenden Milchkühe gehören dazu, aber auch seltene Tiere wie Milan, Adler und Falke, vom Aussterben bedrohte Wasserschildkröten und eine kleinwüchsige Geierart.

Menorca sei, wie Paul Fallot, einer der führenden Inselgeographen, humorvoll bemerkte, der Form einer gewaltigen Saubohne nicht unähnlich. Auch an einen Nierentisch, plan, ohne größere Erhebungen, mit einer weichen Hohlwölbung gegen Süden und einem zerklüfteten Buckel, der den rauhen Nordwinden trotzt, fühlte sich der Forscher erinnert. In der Tat hat die Insel zwei grundverschiedene Seiten. Die Tramuntana im Norden, mit tief ins Landesinnere gefrästen »Fjor-

AUFTAKT

den«, bizarren Felsformationen und einer unregelmäßigen Küstenlinie, die eine Reihe natürlicher Häfen aufweist, unterscheidet sich deutlich vom Migjorn im Süden mit seiner geschlosseneren Küste, mit kleinen Buchten, bewaldeten Tälern und den bereits erwähnten *barrancs*. Im Süden befindet sich auch die Mehrzahl der Strände; dementsprechend sind dort auch die meisten Touristen anzutreffen. Eine deutliche geologische Trennlinie verläuft von Cala Morell im Westen nach Maó im Südosten. Hier stößt die älteste Landmasse der Balearen, dunkles, schieferhaltiges Gestein, auf das weit jüngere helle Kalkgestein, das für den mediterranen Raum so typisch ist.

Mit 701,84 Quadratkilometern Gesamtfläche ist Menorca eineinhalbmal so groß wie Ibiza, mißt aber nur ein Fünftel der Fläche Mallorcas. Vom Cap Sa Mola bis zum Cap de Bajolí erstreckt sich die Insel über eine Länge von 47 Kilometern, bei einer Breite von 10 bis 19 Kilometern. Vor der 285,7 Kilometer langen Küstenlinie tummelt sich eine Schar von 30 kleineren, teilweise winzigen Inseln. Die wichtigsten sind die Illa de les Bledes, die Illa dels Porros, die Illa d'en Colom, die Illa de l'Aire und die Illas d'Addaia; freilich wird keine von ihnen heute bewohnt.

Von der großen Schwester Mallorca trennen Menorca kaum 75 Kilometer an der schmalsten Meeresstelle zwischen Cap d'Artrutx und Cap Freu. Barcelona ist 241 Kilometer entfernt, Afrika nur rund 380 Kilometer. Das erklärt zwar die milden Sommer-Durchschnittstemperaturen von mehr als 25 Grad Celsius und immerhin noch 14 Grad Celsius im Winter, bei über 2452 Sonnenstunden im Jahr; damit wird indes nicht klar, warum die Klimadaten im Schnitt sogar noch ausgeglichener ausfallen als auf dem spanischen Festland und auf Mallorca. Kurios ist auch, daß die Durchschnittstemperatur in der Tramuntana gegenüber jener auf der Südseite, im Migjorn, 1 bis 2 Grad Celsius niedriger ist.

Gegensätzlich wie Nord- und Südseite sind auch die beiden Enden der Insel. Das korrekte,

Ein karges Bild bietet die Küste an der Cala Morell

pflichteifrige Maó im Osten, früher zu kolonialen Zugeständnissen durchaus bereit, und das aufmüpfigere und doch zugleich nachgiebigere Ciutadella im Westen – mediterraner Charme ohne mediterrane Nachlässigkeit. Deutliche Unterschiede werden dabei nicht nur in der Architektur, sondern auch in Sozialgefüge und Lebensauffassung erkennbar. Der Wettstreit der beiden Metropolen schwelt bereits seit Jahrhunderten. Auch heute noch fährt der echte Ciutadeller nur schnell mal und ungern nach Maó, um Geschäfte zu erledigen oder unabweisbare Behördengänge abzuwickeln. Der Maoneser hält einen gewissen Dünkel dagegen – Notizen aus der westlich gelegenen Provinz werden in der Hauptstadt gern mit einem zurückhaltenden, aber vielsagenden Anheben der linken Augenbraue kommentiert. Das Städtchen am anderen Ende der Insel ist auch hübsch, gewiß – aber zu sagen hat man dort nichts.

Menorcas Wurzeln reichen tief in die Geschichte. Schon vor 6500 Jahren sollen Menschen die Insel bewohnt haben. 4000 bis 5000 Jahre zählen die ältesten Spuren, unvergängliche Steinbauten, ohne Mörtel zusammengefügt. In einigen Gebieten, so im Bereich um Es Migjorn Gran, kommen 50 bis 60 archäologische Fundstellen auf den Quadratkilometer. So dicht gesät sind Grabungsstätten sonst nirgends in Europa. Ein »großes Freilichtmuseum« wurde die Insel deshalb genannt; da verwundert es nicht, daß die ersten archäologischen Veröffentlichungen Spaniens aus menorquinischer Fe-

der stammen. Vor allem prähistorische Höhlen und Siedlungen, die *coves* und die *talaiots*, uralte Kultstätten mit ihren steinernen Tischen, den *taules*, die Überreste von fünf Basiliken und die sagenumwobenen *navetas*, wahrscheinlich die ältesten noch erhaltenen Bauwerke Europas, warten teilweise noch unerforscht auf ihre Entschlüsselung.

Später nutzten Phönizier, Griechen, Karthager und Römer die strategische Situation der Insel, die Byzantiner machten sie sich untertan, schließlich die Araber. Erst 1287, so ziemlich als Schlußlicht der christlichen Rückeroberung Spaniens, wurde Menorca den Klauen der »Ungläubigen« entrissen – für die Insulaner jener Zeit nicht unbedingt eine Wendung zum Besseren. Hungersnöte und Epidemien waren die Folgen einer an Menorca nur mäßig interessierten christlichen Besatzung.

Hauptsächlich Handwerker machte der Geschichtsforscher Jaume Sastre bei einer Durchsicht von Dokumenten aus dem 15. Jahrhundert aus. Ein Großteil der Bevölkerung lebte damals in den Ortschaften; diese wiederum trieben regen Handel mit der Nachbarinsel im Süden, aber auch mit anderen Gegenden Europas, vor allem mit Südfrankreich und Katalonien. Weiteren Auftrieb erhielt das Handwerk im 18. Jahrhundert durch die Engländer. Für das Jahr 1784 bezeugen die Inselchroniken 21 Goldschmiede, hervorgegangen aus den Reihen jüdischstämmiger Schmuckhandwerker; sie waren Vorläufer der heutigen Modeschmuck-Manufakturen. Der Zensus weist ferner 150 Schuh-

AUFTAKT

macher mit über 50 Lehrjungen aus. Die Schuhbranche machte Jahrzehnte später eine schwere Krise durch, erholte sich jedoch nach der Einführung moderner Nähmaschinen wieder soweit, daß gegen Ende des 19. Jahrhunderts fast 40 Prozent der Menorquiner von der Schuhproduktion leben konnten. Auch die Krise der 80er Jahre unseres Jahrhunderts scheint Menorcas Schuhindustrie ohne größere Einbußen bewältigt zu haben; diesmal waren nicht bessere Maschinen, sondern exklusives Design und hervorragende Verarbeitung die Rettung. Durch modische Accessoires wurde Menorca zur letzten Jahrhundertwende schon einmal bekannt, etwa durch Handtäschchen aus feinem Silberkettengeflecht, damals vorzugsweise zum Opern- oder Theaterbesuch ausgeführt und heute noch auf jedem besseren Flohmarkt zu finden.

Alte Tradition können auch landwirtschaftliche Produkte vorweisen. So lobt im 5. Jahrhundert ein Hirtenbrief des Inselbischofs Severus den aromatischen *caseus* seiner Schützlinge. Im Zeichen der christlichen Seefahrt ging Menorcakäse als herzhafter Belag für faden Schiffszwieback auf Reisen. Heute werden die Erträge der 340 menorquinischen Milchbauern, jährlich rund 5000 Tonnen Rohkäse, hauptsächlich industriell weiterverarbeitet, eingeschmolzen und unter Markennamen verkauft. Nur rund 30 Prozent werden nach herkömmlicher Art von Hand produziert und als *queso artesanal* stückweise angeboten. Der Herkunftsnachweis, die *denominación de origen*, tritt seit April 1985 als eine Art Gütesiegel auf.

Die einst wichtige Fischerei hat an Bedeutung eingebüßt. Derzeit fahren noch knapp 160 Fischerboote Tag für Tag aufs Meer, um frischen Fisch und Langusten zu fangen, und zwar fast ausschließlich für den Inselverbrauch. Die größten Fischerhäfen sind Maó, Ciutadella und Fornells.

Welchen Rang das Dienstleistungsgewerbe heute einnimmt, machen wohl am besten einige Zahlen deutlich. Von 100 berufs-

---

Statt Schiffszwieback: Menorcakäse

Aus den Zeiten der Windjammer und der Segelfregatten stammen seine typische Konsistenz, die man als fest und trocken bezeichnen kann, und seine quadratische Form, dank der dieser Käse praktisch zu verstauen und gut zu lagern ist. Die Herstellung erfolgt inzwischen bis auf wenige Ausnahmen weitgehend industriell (rund 70 Prozent). So wird heute zur Milchgerinnung statt der früher eingesetzten Artischocke das moderne Kasein verwandt. Die charakteristischen halbrunden Ecken erhält der Menorcakäse durch Baumwolltücher, in die er beim Pressen gehüllt wird. Die gängigen Gewichtsklassen reichen von 1 bis 4 Kilogramm. Es gibt drei Reifegrade des *mahonés*: *semicurado* (buttrig, 2–5 Monate alt), *curado* (fest, über 5 Monate alt) und *añejo* (trocken, mehr als 10 Monate alt).

Typisch für Menorca ist diese üppig umgrünte »finca«

tätigen Menorquinern arbeiten 7 auf Feldern und Weiden, 18 im Baugewerbe, 20 in Industrie und Manufaktur. Die verbleibenden 55 Personen leben als Verkäufer, Händler, Kellner oder Portier direkt oder indirekt vom Fremdenverkehr. Und gleich noch eine beeindruckende Zahl: 1995 wurde der 25millionste Fluggast auf dem Flughafen Menorca begrüßt. Der Inselpräsident unterbrach eigens seine Amtsgeschäfte zum Gratulieren, eine Volkstanzgruppe tanzte *boleros*, und der Abgesandte des Reiseveranstalters legte gleich 14 Tage Extraurlaub zu.

Mit solchem Aufwand werden die über 1 Million Fluggäste, die Jahr für Jahr in fast 10 000 Jets auf Menorca einfliegen, selbstredend nicht empfangen. Rund ein Viertel von ihnen sind Geschäftsreisende, die Käse einkaufen oder Luftmatratzen, Bier und Kartoffelchips verkaufen. Eine weitere Gruppe bilden Beamte der Zentralregierung und Gastarbeiter vom spanischen Festland, die hauptsächlich im Tourismus tätig sind, das Winterhalbjahr aber häufig in ihrer Heimat verbringen. Die restlichen 580 000 schweben zum Bräunen, Baden und zur Erholung ein – in dieser Reihenfolge, wie eine Umfrage unter den Inselurlaubern ergab. Daß der Menorca-Gast darüber hinaus andere Motivationen und Erwartungen in seinen Urlaub mitbringt als der die Nachbarinseln Mallorca und Ibiza besuchende Tourist, versteht sich. So zeichnet sich der »klassische« Menorca-Liebhaber durch ein gesteigertes Interesse an Kultur und Tradition sowie durch mehr Liebe zur Landschaft und zu deren Erhaltung aus; für gewöhnlich verfügt er auch über eine gehobene Kaufkraft, ist indessen nicht bereit, diese für jedweden Zweck zu opfern.

Diese bittere Erfahrung mußten menorquinische Geschäftsleute machen, die nach geschäftlichen Flautezeiten eine Untersuchung anstrengten. 64 Prozent

AUFTAKT

der deutschen und 41 Prozent der britischen Inselbesucher fanden die Qualität der angebotenen Produkte mäßig oder gar schlecht. 90 Prozent beider Nationalitäten waren sich über das Preisgefüge einig. »Zu teuer«, lautete das Urteil einhellig. Besser schnitten Bars und Restaurants ab. Die Gastronomen wurden in 86 Prozent der Fälle positiv bewertet; 25 Prozent der Gäste waren sogar äußerst zufrieden. Glückliche Gesichter auch unter den Abreisenden: 89 Prozent der Menorca-Urlauber wollten ohne jeden Zweifel wiederkehren – 57 Prozent sahen ihre Urlaubserwartungen rundum erfüllt, 32 Prozent waren hellauf begeistert.

Über die Hälfte der Gäste stammt übrigens aus Großbritannien. Erst dann kommen Urlauber aus Deutschland und Spanien, beide jeweils mit etwa 15 Prozent; die übrigen sind aus Österreich, den Benelux-Ländern und Skandinavien. Dem Geschmack der Mehrheit wurde das Angebot an Unterkünften angepaßt. 194 Aparthotels mit 19 099 Betten steht eine vergleichsweise bescheidene Anzahl von Hotels gegenüber: 95 Betriebe mit 21 306 Betten. Auf einen andernorts in Spanien bereits florierenden Trend geht Menorca eher zaghaft ein. Bis 1995 haben sich nur drei Landgüter mit insgesamt 12 Betten dem Angebot für »Ferien auf dem Bauernhof«, *agroturisme* genannt, angeschlossen. Der einzige Campingplatz, mit Stellplätzen für 100 Zelte, befriedigt die Nachfrage kaum. Reservierungen sind hier angeraten; wildes Campen kann mit unangenehmen Über-

raschungen enden. Im übrigen vervollständigen neun Sporthäfen mit 840 Liegeplätzen, eine Vielzahl von Wassersportmöglichkeiten, ein Golfplatz (9 Loch), 10 öffentliche und mindestens 30 hoteleigene Tennisplätze das vielfältige Angebot an Freizeitaktivitäten.

Und die Menschen selbst, die hier zu Hause sind, die 65 000 Menorquiner? Sanft, gutmütig, gastfreundlich, weltoffen, beseelt von untadeliger Moral und Liebe zum Vaterland (der Insel!) – so charakterisierte vor hundert Jahren der Balearenkenner Erzherzog Ludwig Salvator das Inselvolk. Daran hat sich inzwischen kaum etwas geändert. Bis heute sind die Einheimischen gastfreundlich und gutmütig, bis heute leben alte Legenden im magischen Menorca in trauter Eintracht mit den progressivsten Geistern der Balearen. Zum Beispiel Joan Ramis, der bereits um 1780 wissenschaftliche Abhandlungen zur Inselhistorie verfaßte, oder Mateu Orfila, Mediziner, Toxikologe und zeitweise Dekan der medizinischen Fakultät in Paris, oder Francesc Camps, Historiker und Übermittler von Legenden und Volksbräuchen – die Liste illustrer Inselkinder ließe sich fortsetzen. Durchweg gesittet und freiheitsliebend erzogen, zeigt sich der Menorquiner den Wissenschaften, den schönen Künsten sowie politischen und sozialen Fragen aufgeschlossen. Das wird besonders deutlich bei Wahlen. Menorca wählt von allen Baleareninseln am wenigsten konservativ und läßt eine gewisse Affinität zu Barcelona durchscheinen. Die Menorquiner sind mondäner und kosmopolitischer

Geschichtstabelle

Ab etwa 6500 v. Chr.
Einwanderer setzen, wahrscheinlich mit Schilfbooten, vom Festland nach Menorca über

2000 v. Chr.
Erste Besiedlungsspuren, Megalithbauten, Errichtung der ersten *naus (navetas)*

1300 v. Chr.
Erste Zeugnisse der *talaiot*-Kultur

1000 v. Chr.
Errichtung der großen *talaiot*-Bauten und ummauerter Städte

Ab 470 v. Chr.
Phönizische Einflüsse

205 v. Chr.
Hannibals Bruder Mago fällt auf Menorca ein und gründet das nach ihm benannte Maó

Ab 123 v. Chr.
Römische Besetzung und Niedergang der *talaiot*-Kultur; die letzten *talaiot*-Städte waren wahrscheinlich bis etwa 100 n. Chr. bewohnt

Ab 425
Menorca unter dem Einfluß der Wandalen

Ab 534
Einflüsse des Byzantinischen Reiches; in dieser Epoche werden auf der Insel die Basiliken errichtet

Ab 903
Arabische Besetzung; Menorca wird dem Kalifat Córdoba angegliedert

1287
Rückeroberung Menorcas durch König Alfons III. von Aragonien; den besiegten Arabern wird freies Geleit nach Nordafrika zugesichert, doch bald nach Auslaufen der Transportschiffe wirft man die unterlegenen Gegner ins Meer

Ab 1500
Piraten überfallen und zerstören Maó (Rotbart, 1535) und Ciutadella (Türken, 1558)

1706–1708
Im Spanischen Erbfolgekrieg rebellieren menorquinische Anhänger des als Karl III. zum spanischen König ausgerufenen Erzherzogs Karl von Österreich (1711 als Karl VI. zum römisch-deutschen Kaiser gewählt) unter Führung von Joan Saura gegen die drohende Bourbonenherrschaft, werden jedoch durch den von französischen Truppen unterstützten Gouverneur Dávila zurückgeschlagen, der sich wiederum englisch-niederländischen Truppen, die 1708 in der Cala Alcaufar landen, ergibt

1712
Großbritannien ergreift, gestützt auf geheime Abkommen (vor dem Vertrag von Utrecht), zum erstenmal offiziell Besitz von Menorca

1756
Eroberung der Insel durch französische Truppen unter Marschall Richelieu

AUFTAKT

1763–1802
Unblutige Rückkehr Menorcas an die Briten im Vertrag von Paris (1763); spanisch-französische Truppen erobern Menorca für Spanien (1781), erneute Rückeroberung durch die Briten (1798); der Vertrag von Amiens spricht Menorca endgültig Spanien zu (1802)

1939
Menorca, das 1931 republikanisch gewählt hat und während des Spanischen Bürgerkriegs auf seiten der Franco-Gegner geblieben ist, fällt an die Truppen Nationalspaniens

1953
Der erste Charterflug (eine englische Maschine) erreicht die Insel

1983
Die Balearen werden *Comunitat Autónoma;* damit wird auch das Recht auf eine eigene Sprache festgeschrieben

1991
Das Balearen-Parlament verabschiedet ein Naturschutzgesetz, das mehr als ein Drittel der Insel unter Naturschutz stellt

7. Oktober 1993
Menorca wird von der Unesco zur *Reserva de la Biosfera* erklärt

1995
Auf der Insel wird der 25millionste Fluggast begrüßt; im Gegensatz zu anderen Balearen-Inseln werden die Bemühungen um mehr Umweltschutz verstärkt

als die biedere balearische Zentralregierung auf Mallorca. Während man dort den *Plan General de Ordenación de la Oferta Turística,* kurz POOT, bis an die Grenzen einer sinnvollen Beschränkung des Wachstums von Urlaubsorten – und leider viel zu oft sogar darüber hinaus – dehnt, scheint Menorca den umgekehrten Weg zu gehen. In einer ersten Stellungnahme der menorquinischen Hoteliervereinigung wird der Plan zur Beschränkung touristischen Wachstums als viel zu nachsichtig gerügt. Nach Vorschlägen aus den eigenen Reihen würde man die Mindestgrünfläche bei neuen Hotelanlagen viel lieber von 60 Quadratmetern je Hotelgast auf 100 anheben, die Höhe von Hotels auf sieben Meter beschränken (Parterre und ein Stockwerk; der POOT sieht hingegen Parterre und drei Stockwerke als Maximum vor) und den Raum zum Schwimmen je Strandgast gegenüber den Bestimmungen verdoppeln. Statt auf Massentourismus setzt man auf finanzkräftige und umweltbewußte Individualurlauber.

Das alles macht Mut für die Zukunft. Menorca scheint bewußt die Sünden der großen und der kleinen Schwestern im Süden vermeiden zu wollen, scheint die Auszeichnung als *Reserva de la Biosfera* nicht als geschickten Marketing-Schachzug zu verstehen und tatsächlich den Beweis dafür antreten zu wollen, daß ein vernünftiges Maß an Tourismus durchaus mit intakten sozialen und kulturellen Strukturen und einer unzerstörten Natur in Einklang stehen kann. Urlaub muß nicht Sünde sein.

STICHWORTE

Tanques, Taules, Talaiots

Ein Querschnitt durch Menorcas kleine und große Eigenheiten

Araber

Wie fast ganz Spanien wurde einst auch Menorca von den Arabern besetzt. Von 903 an gehörte die Insel zum Kalifat Córdoba und blieb knapp vier Jahrhunderte unter islamischer Herrschaft, bis im Januar 1287 Alfons III. von Aragonien die Insel für das Christentum zurückeroberte. Die arabische Bevölkerung wurde versklavt, ihre Habe geplündert, ihre Bauwerke geschleift; heute sind kaum noch architektonische Hinweise auf die jahrhundertelange Muselmanenzeit zu finden. Arabisches Erbe ist hingegen in Form von Ortsnamen lebendig geblieben; die Vorsilbe *bini* bezeichnet einen Besitz »des Sohnes von …«, die Worte *rafál* oder *cúdia* beziehen sich auf ein Haus, eine Hütte, einen Ort auf einem Hügel.

Barrancs

Barrancs – spanisch *barrancos* – sind Sturzwassergräben, die der Regen in Jahrtausenden in den weichen Kalkstein geschnitten hat. Durch 20 bis 40 Meter hohe Felswände vorm Nordwind ge-

Der »talayot« Torellonet Vell

schützt, sind auf Menorca manche derart von der Natur begünstigte Plätze zu frühen Siedlungskernen geworden. Hier liegen die fruchtbarsten Felder und einige der artenreichsten Biotope (bis zu 200 Pflanzenarten) der Insel. 36 *barrancs* zählt man auf der geologisch erheblich jüngeren Südseite Menorcas. Auch viele der schönen Buchten der Südküste sind Ausläufer solcher Sturzwassergräben. Unbedingt sehenswert sind der Barranc d'Algendar zwischen Ferreríes und Cala Santa Galdana, der Barranc de Trebalüger östlich davon und die *barrancs* von Son Bou, Es Bec und Son Boter.

Biosphäre-Reservat

»Mensch und Biosphäre«, ein Komitee der Unesco, gab am 7. Oktober 1993 offiziell dem Antrag Menorcas auf den Titel *Reserva de la Biosfera* statt. Ein minuziöses Studium der Umwelt, der kulturellen, sozialen, ökologischen, landwirtschaftlichen und touristischen Gegebenheiten Menorcas war dem Antrag vorausgegangen. Denn eines der Hauptmerkmale für das Unesco-Prädikat ist nicht nur eine intakte Natur, sondern auch der Beweis dafür, daß der Mensch durchaus in der Lage ist, in seinem Umfeld zu leben, ohne es zu gefährden oder gar zu zerstören. *Reserva de la Biosfera* ist nicht eine Medaille, die sich die Menorquiner ob ihrer Heimat ein für allemal stolz an die Brust heften durften, sondern ein dynamischer Prozeß, in dem die Insel Jahr für Jahr belegen muß, daß Ökonomie und Ökologie – und damit letztlich auch Tourismus und Umwelt – verträglich nebeneinander existieren können.

Briten

Gleich dreimal haben die Briten Menorca im Lauf der Inselgeschichte erobert und besetzt. Das erstemal geschah dies während des Spanischen Erbfolgekrieges. 1706 trat auf Menorca Joan Saura für den österreichischen Erzherzog Karl ein und konnte die meisten Inselgemeinden für seine Sache gewinnen. Der amtierende Inselgouverneur Diego Dávila verbarrikadierte sich in der Festung San Felipe und schlug 1707 mit französischer Unterstützung die Rebellion nieder. Als daraufhin im Herbst 1708 englisch-niederländische Truppen in der Cala Alcaufar landeten, ergab sich der Gouverneur fast kampflos. 48 Jahre britischer Herrschaft begannen. Nach der Eroberung durch die Franzosen 1756 erhielt Großbritannien die Insel 1763 im Frieden von Paris zurück. In den folgenden 19 Jahren unter britischer Hoheit wurden Teile der Festung San Felipe gesprengt und die Küstengarnison Georgetown (heute: Es Castell) gegründet. 1782 eroberten französisch-spanische Truppen die Insel abermals, wurden jedoch 16 Jahre später durch einen erneuten Einfall der Briten, die 1798 an der Nordküste landeten, verdrängt. Diese letzte Engländerzeit währte lediglich vier Jahre; dann brachte der Friede von Amiens die Insel 1802 endgültig unter die spanische Flagge. Insgesamt hinterließ fast ein Jahrhundert englischer Herrschaft deutliche Spuren auf Menorca.

Consell Insular

Balearenweite Politik wird auf Mallorca betrieben. Dort ist der *Govern Balear* zuständig unter anderem für Energiewirtschaft und den Generalbebauungsplan mit Rückwirkungen auf die einzelnen Inseln. Daneben verfügt jede Insel über ein eigenes Regierungs- und Exekutivorgan, den *Consell Insular* (Inselrat). Menorcas *Consell* genießt seit langem den Ruf, der katalanischen *Generalitat*, der Autonomen Regierung Kataloniens, näher zu stehen als der vorgesetzten Regierung in Palma.

Franzosen

Ein Neffe des Kardinals Richelieu, Marschall Armand de Vignerot du Plessis, Herzog von Richelieu, bescherte Menorca ab 1756 ein siebenjähriges französisches Intermezzo, das, obwohl von kurzer Dauer, nichtsdestoweniger Geschichte machte. So geht beispielsweise die Ortschaft Sant Lluís auf einen französischen Gründungsvater, den Grafen Lannion, zurück; der Soßen-Weltbestseller, die Mayonnaise, soll einer Inspiration des feinsinnigen Marschalls selbst entsprungen sein, und Wanderfreunde verdanken den Franzosen einen streckenweise besonders schö-

STICHWORTE

nen, sicherlich aber den längsten Weg der Insel: den *Camí de Cavalls.* Dieser »Pferdeweg« wurde ursprünglich um die gesamte Küste herum angelegt, damit Truppen schnell verschoben werden konnten. Heute dient er überall dort, wo die betreffenden Grundbesitzer den Durchgang gestatten, ausgedehnten Spaziergängen.

GOB

Hinter dieser Abkürzung verbirgt sich der *Grup Balear de Ornitolojia i Defensa de la Naturalesa,* eine private Vereinigung, die 1971 auf Mallorca als Vogelschutzbund begann und heute balearenweit über 5000 Mitglieder zählt. Einige Zeit nach der Gründung kam der Umweltschutz als Vereinsziel hinzu. Der GOB ist eine der großen und einflußreichen privaten Umweltschutzorganisationen Spaniens. Umwelt- und Vogelfreunde dürfen sich gern in Verbindung setzen mit *GOB Menorca, C/. Isabel II, 42, 07701 Maó, Tel. 35 07 63.* Besetzt ist das Büro wochentags 9–14.30 Uhr.

Matanzas

So heißen die traditionellen Schlachtfeste im Spätherbst, an denen auf vielen Höfen nicht nur die ganze Familie, sondern auch Freunde und Verwandte teilnehmen. Hausgemachte Wurstwaren wie *sobrasada* (Schweinestreichwurst) oder *butifarrón* (Blutwurst) sind im Oktober/ November besonders günstig und frisch zu bekommen.

Menorquí

Menorquí, das Menorquinische, zählt zu den ältesten heute noch gebräuchlichen Dialekten des *catalá,* des Katalanischen, einer der neun Sprachen romanischen Ursprungs, eingeführt auf den Balearen durch König Alfons III. von Aragonien im Jahr 1287. Im übrigen haben alle Besatzungsmächte, Römer wie Araber, Franzosen und Engländer, ihre sprachlichen Spuren hinterlassen. Namentlich englische Vokabeln fallen im Sprachgebrauch auf. So schließt man etwa das *vindou* (Fenster), ißt zu Mittag *bifi* (Rindfleisch, Fleisch), das auf dem *tibord* (Tablett, englisch *tea-board)* serviert wird, oder hat schnell mal ein Gläschen getrunken, *ha fet un trinqui* (englisch *drink).* *Catalá* beziehungsweise dessen Dialekte sind seit Februar 1983 Amtssprache auf den Balearen und erfreuen sich unter der jüngeren Bevölkerung nach den Jahren der Unterdrückung aller Regionalsprachen durch die

---

Die Marco Polo Bitte

Marco Polo war der erste Weltreisende. Er reiste in friedlicher Absicht, verband Ost und West. Er wollte die Welt entdecken, fremde Kulturen kennenlernen, nicht zerstören. Könnte er für uns Reisende des 20. Jahrhunderts nicht Vorbild sein? Aufgeschlossen und friedlich sollte unsere Haltung in anderen Ländern sein. Dazu gehören auch Respekt vor Mensch und Tier und die Bewahrung der Umwelt.

Franco-Diktatur großer Beliebtheit. Ortsnamen, etwa auf Straßenschildern, sieht man heute fast ausnahmslos in ihrer katalanischen Variante. Neben *menorquí* spricht man auch *castellano*, das Hochspanische, und häufig englisch.

Naturschutz

Am 30. Januar 1991 trat auf den Balearen ein umfassendes Naturschutzgesetz in Kraft, das am 23. Dezember 1992 auf seinen endgültigen Stand gebracht wurde. Seither stehen 42,67 Prozent der Fläche Menorcas unter mehr oder minder strengem Schutz (im europäischen Durchschnitt liegt die Quote bei etwa 7 Prozent). Die ausgedehntesten Schutzgebiete umfassen die Küstenlinie (Ausnahmen: Raum Ciutadella und die Gegend südlich von Maó), weite Teile der Tramuntana, der Nordhälfte der Insel, aber auch große Gebiete im Raum Alaior, Cales Coves und Es Migjorn Gran.

Navetas

Die kleinen, langgestreckten »Pyramiden« im Westen Menorcas, spanisch *navetas*, menorquinisch *naus* genannt, stammen aus der Bronzezeit (um 2000 v. Chr.) und dienten als Grabstätten. Die älteste – und eines der ältesten Bauwerke Europas überhaupt – ist die Nau d'es Tudons, etwa 4 Kilometer von Ciutadella entfernt.

Richard Kane

Auf diesen Namen wird man bei einem Menorca-Besuch häufiger stoßen. 14 Jahre nach der ersten Besetzung der Insel durch die Briten wurde Richard Kane 1722 Gouverneur. Da sich besonders die Bewohner von Ciutadella gegen die Eroberer empörten, machte Kane kurzerhand die Stadt im Osten, Maó, zum Ver-

Die Albufera-Lagune ist das Herzstück des Naturparks Es Grau

STICHWORTE

waltungssitz und zur Hauptstadt. Rechte und Besitzverhältnisse wurden weitgehend geachtet; die Änderungen, die der neue Gouverneur anregte, waren eher praktischer Natur. So ließ er zum Beispiel den *Camí d'en Kane*, den Kane-Weg, zwischen Maó und Ciutadella befestigen, beschnitt die Macht der Heiligen Inquisition und führte neue Nutzpflanzen, etwa Äpfel, und neue Viehrassen ein. So soll er auch für den Ausbau von Menorcas Milchwirtschaft verantwortlich sein. Während sich Klerus und Adel schmollend nach Ciutadella zurückzogen, wuchs der Respekt der Landbevölkerung vor dem neuen Gouverneur – ein Umstand, der den Kane-Nachfolgern Anstruther, Wynayard und Murray versagt blieb.

Talaiots

Diese prähistorischen Bauten, die auch auf anderen Baleareninseln zu finden sind, gehen auf das 14. bis 8. Jahrhundert v. Chr. zurück. Bisher wurde angenommen, daß es sich bei den *talaiots* um Wohnhäuser handle. Neuere Untersuchungen weisen jedoch ebenso auf religiöse oder zeremonielle Einsatzzwecke der Bauwerke hin, die oft aus großen, grob behauenen Steinquadern und immer ohne Verwendung von Mörtel zusammengesetzt sind. So unterliegen insbesondere Abmessungen und Ausrichtung vieler *talaiots* eigenen Gesetzmäßigkeiten, die zur Zeit erforscht werden.

Tanques

So nennen sich jene Felder Menorcas, die von einem ohne Mörtel errichteten Steinwall umgeben sind und zumeist durch ein Gatter verschlossen werden. Insgesamt soll die Länge aller derartigen Natursteinmauern auf der Insel an die 15 000 Kilometer erreichen.

Taules

In der Inselmythologie sind die »Tafeln« oder »Tische« von einer ausgestorbenen Rasse von Riesen als Mobiliar benutzt worden. Frühe Inselarchäologen sahen in den mindestens 2 bis über 3 Meter hohen Steinplatten mit horizontalem Schlußstein, der eigentlichen *taula*, die blutigen Wirkungsstätten menschenopfernder keltischer Druiden. Wahrscheinlicher ist, daß die *taules* selbst eine Gottheit repräsentierten, beispielsweise einen Stier. Fast immer ist das zentrale steinerne T von einem Monolithenkreis umgeben. Die gesamte Anlage, in der ein ständiges Feuer brannte und Tieropfer dargebracht wurden, diente zweifellos Kultzwecken.

Tierarten

Einige Spezies aus dem Tierreich kommen nur oder besonders reichlich auf Menorca vor. Dazu gehören der eher häßliche kleine weiße Geier *moixeta (Neophron percnopterus)*, hauptsächlich an der Nordküste beheimatet und der einzige seiner Art, der keinen winterlichen Zug nach Süden antritt, der Königsmilan *(milano real)*, der vor allem an den Steilhängen der Küsten und in hochgelegenen Baumkronen größerer Wälder sein Nest anlegt, und die kurzbeinige Balearenspitzmaus *(Crocidura suaveolem balearica)*, die, extrem scheu, im Schatten und in Mauerritzen lebt.

19

ESSEN & TRINKEN

Felder und Meer decken den Tisch

Einfach, ehrlich, erdverbunden – Menorcas echte Küche kommt wieder zu Ehren

B*on profit!* Auch wenn die Preise mancher *caldereta* das Gegenteil vermuten lassen – der klingende menorquinische Tischgruß gilt nicht dem Wirt, der händereibend die Rechnung präsentiert, sondern wünscht schlicht einen guten Appetit. Rund 370 Restaurants mit über 22 500 Plätzen kümmern sich auf Menorca um das leibliche Wohl der Essensgäste. Eine eher oberflächliche Qualitätseinteilung – sie bezieht sich vor allem auf Sauberkeit, Ausstattung und Platzangebot – vergibt seit 1993 die Balearen-Regierung für Restaurants (Gabeln als Symbol), Bars (Kelche) und Cafeterias (Tassen). Ein Symbol bezeichnet die schlichteste Qualitätsklasse, drei das Spitzenangebot.

Knapp ein Drittel der Lokale Menorcas sind reine Ferienbetriebe, die mit dem Saisonende schließen und für gewöhnlich eine mehr oder weniger gute »internationale Küche« anbieten, sprich: *Beefsteak, Chicken, Hamburgers,* gelegentlich auch Fisch, mei-

Zur Markthalle umgewidmet: der Claustre del Carme in Maó

stens mit einer großzügigen Portion Pommes frites und etwas Salat. Wer das einmal probiert hat, weiß, wie es überall schmeckt, und wird dann vielleicht neugierig darauf, was in den *greixoneras* und *ollas* (Tonschüsseln und -töpfe) des Landes sonst noch brodelt. Um es gleich vorwegzunehmen: Der Versuch lohnt sich. Menorcas Küche ist einfach, herzhaft, im Zweifelsfall kalorienreich und schmackhaft. Im Kochtopf vermischen sich Kulturen, die in der Geschichte unvereinbar blieben. Arabische und katalanische Grundrezepte erhalten einen pragmatischen britischen *touch* oder werden um eine feine französische Note bereichert. Gegessen wird, was Felder und Meer hergeben: typische Gemüse wie Tomaten, Artischokken, Erbsen, Bohnen, Zwiebeln, Kartoffeln, Möhren, Kohl, dazu Wild, Lamm, Kalb, Schwein und viel frischer Fisch.

Als Menorca-Menü der gehobenen Klasse bietet sich par excellence die *caldereta* an: Languste in zarter Gemüsebrühe (Zwiebel, zwei Knoblauchzehen, Tomate, Lauch, abgeschmeckt mit zwei Eßlöffeln Cognac und etwas Petersilie). Um die 6000 Ptas kostet die Portion; dafür darf der Gast eine lebende Languste verlangen, die dann im Kochtopf zur Köstlichkeit wird. Auf einem typischen Speiseplan mit gekochten Gerichten stehen weiter britischfranzösische Inselspezialitäten wie *perdiu amb col* (Perlhuhn auf Kohlblättern), *alberginies al forn* (gebackene Auberginen) oder *olla de mongetes* (Bohneneintopf) neben älteren muselmanischen Rezepten. Meistens fangfrisch angeboten werden edle Meeresfrüchte, etwa *arrós amb dàtils* (Meeresdatteln, eine Muschelart, auf Reis) und *calamar farcit* (gefüllter Tintenfisch), oder eher überraschende Kombinationen wie *moll amb salsa de fetge* (Seebarbe mit Lebersoße). Mallorca-Freunde werden die *sopas* der Nachbarinsel unter der Bezeichnung *oli-i-aigua* wiederfinden, Kohl, Erbsen, eventuell Möhren und Fleisch mit viel Sud, der von trockenen,

feingeschnittenen Brotscheiben aufgesogen wird. Feine Soßen, die auf der Insel kreiert worden sein sollen, sind indes französischen Gaumen zu verdanken. Die Inselküche bleibt ehrlich, bodenständig und einfach.

Schon am Flughafen begegnet man wahren Gebirgen von *ensaimadas*, jenem schneckenförmigen, luftigleichten Hefegebäck, das in verschiedenen Größen und mit unterschiedlichen Füllungen, zum Beispiel *cabello de ángel* (Kürbiskonfitüre), *crema* (Pudding) und *nata* (Schlagsahne), in fast allen Bäckereien zu finden ist. Wichtig bei der Zubereitung: Die echte *ensaimada* wird in ausgelassenem Schweineschmalz (daher auch ihr Name: »Geschmalzene«) gebacken. *Crespells* hingegen sind trocken, krümeln leicht und sind deshalb mit Vorsicht zu genießen.

Bei den Wurstwaren der Insel steht die *sobrasada*, eine Streich-

---

Von der »salsa de Mahón« zur Mayonnaise

Ganze Bände sind über die Herkunft einer der heute am weitesten verbreiteten Soßen der Welt veröffentlicht worden; nicht wenige der Spuren führen in Menorcas Küchen. Und tatsächlich könnte der französische Marschall Richelieu, der den Freuden des Gaumens und der Daunen durchaus nicht abgeneigt war, der Mayonnaise zu ihrer weltweiten Blüte verholfen haben. Von einer Maoneserin (spanisch: *mahonesa*), die dem Marschall das Herz stahl und ihm dafür einige Geheimnisse der menorquinischen Küche verriet, ist unter anderem die Rede. Zu den kulinarischen Landessitten, welche die Dame übermittelte, gehörte ein schlichtes, eher rustikales Rezept, mit dem sich der menorquinische Bauer nach anstrengendem Tagwerk für den nächsten Einsatz stärkte: Olivenöl, verrührt mit Ei, einer Prise Salz und gestoßenem Knoblauch. Denkbar ist es schon, daß aus dem *all i oli* (Knoblauch mit Öl) der Balearen die noble französische Verwandte ohne Knoblauch und aus der Soße der *mahonesa* die »Mayonnaise« wurde.

ESSEN & TRINKEN

Ofenfrisch schmecken sie am besten: »ensaimadas« und »tortells«

wurst aus Schweinefleisch, die durch roten Paprika ihre charakteristische Rotfärbung erhält, an erster Stelle. Auch *butifarrones* (Blutwürste) werden überall angeboten, desgleichen viel Käse, *queso menorquín*, früher als *queso mahonés* bekannt.

So sicher der Gin mit den Engländern nach Menorca kam, so sicher ist auch, daß die Menorquiner an der hochprozentigen Spirituose, die ihnen als *ginet* geläufig ist, Geschmack gefunden haben. Eine Brennerei bereitet ihn heute noch nach alten Rezepten im Hafen von Maó. Ein beliebter Inselcocktail erfrischt unter dem Namen *pellofa* mit *ginet*, der hierbei durch einen guten Spritzer Soda auf Trinkstärke reduziert ist und mit Zitronenschale serviert wird. Besonders an Festtagen wird auch reichlich der *pomada* zugesprochen, einem Mix aus Gin und Limonade.

Der *herbes* (spanisch *hierbas*, Kräuter) kommt ursprünglich von der Schwesterinsel Ibiza, doch bekommt man auch auf Menorca hervorragende Exemplare dieses Kräuterlikörs, der bis zu 40 verschiedene Gewürze der Insel enthält und einen typischen Geschmack nach Anis und wildem Thymian hat. Es werden drei Klassen angeboten: *dulce* (zuckersüß), *semi* (ausgewogen, halbtrocken) und *seco* (trocken). Typisch für die Insel ist auch der *palo*, ein echter Zuckerlikör, dem Chinarinde den etwas bitteren Beigeschmack und fiebersenkende Wirkung verleiht. In besonderen Kupferkesseln wird Zucker geschmolzen und dann mit Alkohol versetzt. Fachleute hüten das Geheimnis des Siedepunkts der Zuckermasse; entscheidend ist der Zeitpunkt, wann der *palo* vom Feuer genommen wird.

EINKAUFEN & SOUVENIRS

Modeschmuck und manches mehr

Familienbetriebe und Kleinmanufakturen entwickeln ein bemerkenswertes Faible für Klassisch-Elegantes

Schon totgesagt, erholt sich in den letzten Jahren das Kunsthandwerk der Balearen. Ein schönes Beispiel gibt Menorca. Neue, kreative Geister besinnen sich auf klassische Formen, überlieferte Vorgaben und alte Produktionsprozesse. Das Ergebnis kann sich sehen lassen: Schuhe aus edlem Leder, in elegante Form gebracht, oder, eher alternativ, handgeschnittene *avarques* (Sandalen), Ledertaschen, -mäntel, -jacken und -hosen für jeden Geschmack und jeden Geldbeutel. Angeboten werden ferner Keramik, von Hand bemalt nach den schönen alten Motiven, immer öfter auch kunstfertige Tischlerarbeiten und traditionelle Musikinstrumente. Letztere finden vor allem in Ciutadella Anklang; die Werkstatt von *Miguel Florit (C/. Sant Nicolau, 111)* und die von *Joan Benejam (C/. Maó, 82)* befassen sich ausschließlich mit klingenden Gerätschaften. Auf die Initiative einer Werbeagentur und junger

Künstler ging vor Jahren das Bedrucken von T-Shirts mit phantasievollen Motiven zurück. Heute gibt es darauf spezialisierte Geschäfte in Ciutadella, Maó und neuerdings auch in Palma de Mallorca. Menorca-Motive sind »in«. Erst 1994 eröffnete in Palmas Nobellokalstraße Carrer Jaime III eine Verkaufsstelle für menorquinisches Handwerksgut; namentlich Keramik und Leder werden auf die große Nachbarinsel exportiert.

In allen größeren Orten Menorcas gibt es *bisutería,* womit Modeschmuck und Straß gemeint sind, meistens von Familien oder in kleineren Betrieben gefertigt. Schon seit dem 17. Jahrhundert wird auf der Insel modisches Zubehör vom Ohrring bis zur Gürtelschnalle hergestellt, insbesondere in Alaior (Kupfer- und Messingschmuck in der *Bisutería Alben, C/. Maó,* und bei *Pons Timoner, C/. Miguel de Cervantes, 36,* der hauptsächlich exportiert), Puig de Olives (in der Silberschmiede *Taller Pere Massa*), Ciutadella (Verkauf direkt ab Hersteller bei *López Freijomil, Plaça Palmers,* oder bei *Fils de Bernardo Marques, C/. Antoni Claret, 23*) und

Zu den bevorzugten Menorca-Mitbringseln zählen Lederartikel, vor allem Schuhe

An die britische Besatzungszeit erinnert Menorcas »ginet«

Maó (Ausstellung und Verkauf in der *Fábrica Chapado Oro Vid, Polígono Industrial*). Jeden Herbst, im September, veranstaltet man sogar eine eigene, bescheidene Modeschmuckmesse und im Frühjahr, im Mai, eine Modeschmuckwoche, die SEBIME, mit freiem Verkauf (im Messezentrum Maó).

Die offiziellen *Öffnungszeiten* für Geschäfte und Warenhäuser sind jeweils *9.30–13.30 und 17–20 Uhr.*

Antiquitäten

Recht teuer, aber meistens von ausgezeichneter Qualität sind die Antiquitäten *(antigüedades)* bei Mir *(C/. Rosari, 9, Maó)*, Toni Ramos *(C/. J. M. Quadrado, 41, im Zwischengeschoß, Maó)* und Saura *(C/. Santíssim, 2, Ciutadella)*.

Gin, palo, herbes

Als typisches menorquinisches Erzeugnis bietet sich Souvenirjägern mit alkoholischen Vorlieben der Gin an, der mit trinkfreudigen Engländern schon vor Jahrhunderten auf die Insel kam und den die Einheimischen sich als *ginet* anverwandelt haben. Eine weitere hochprozentige Menorca-Spezialität ist der *palo*, ein Likör aus geschmolzenem Zucker. *Hierbas* oder *herbes*, der bis zu 40 Inselkräuter enthaltende Likör, stammt eigentlich von Ibiza, fehlt aber schon seit Jahrzehnten in keiner Bar auch auf Menorca. Für Mitbringel die drei Süßegrade beachten: *dulce* (zuckersüß), *semi* (ausgewogen) und *seco* (trocken).

Handgefertigte Feuerwaffen

In rund 40 Länder exportiert heute die Firma Denix ihre Gewehre und Faustfeuerwaffen – reine Sammlerstücke, deren Vorlagen man in Museen oder hochkarätigen privaten Kollektionen besichtigen kann. Vom Original

EINKAUFEN & SOUVENIRS

trennt die Replik allerdings oft wenig; selbst aufwendige Gravuren und Ziselierungen sind nachgearbeitet. Die Preise liegen je nach Modell bei 4000 bis 15 000 Ptas; verkauft wird über Souvenirläden. Hersteller: *Denix S. A., Ciutadella, Polígono Industrial, J, Tel. 38 15 61.*

Kamille

Früher wurde die heilkräftige Menorcakamille (katalanisch *camomil.la*) besonders im Raum Ciutadella professionell geerntet und vermarktet. Heute wird sie leider nur noch von wenigen gepflückt. Echte Menorcakamille bekommt man – neben anderen Kräutern – bei *Es Fonoll* in *Maó* (*C/. Esglèsia, 16*).

Kapern

Die Festungsmauern in Ciutadella haben sie längst erobert, und auch sonst sind die Kapernsträucher fast überall auf Menorca zu finden: in alten Gemäuern, auf rissigen Felsplateaus, an steilen Berghängen. Besonders im Frühjahr fallen die großen blaßgelben Blüten ins Auge. Wenn man dann genauer hinsieht, erkennt man die Knospen – die Kapern. Eingelegt in eine Essig-Salz-Lake, so, wie es die Menorquiner selbst in jedem Frühjahr tun, zählen sie zu den erlesenen Köstlichkeiten der Insel. Auf unbebauten Grundstücken wie etwa am Leuchtturm Punta Nati kann man ungehindert pflücken.

Käse

Er riecht kaum, hat eine mehr oder weniger feste Rinde und läßt sich dank seinem Format leicht lagern und transportieren: der *fromatge de Menorca,* wie er seit 1995 offiziell heißt, beworben unter dem Markennamen *Queso de Mahón.* Der Menorcakäse ist ein ideales Urlaubsmitbringsel, das man in fast allen Lebensmittelgeschäften oder direkt bei einem der Hersteller in Alaior bekommt. Etwa 30 Prozent sind hausgemachter Käse; er unterscheidet sich von seinen industriell gefertigten Vettern durch die grobe Baumwolltuchstruktur, besonders sichtbar an den Eckrundungen, und die *denominación de origen,* den Herkunftsnachweis.

Keramik

Menorca bietet eine reiche Auswahl an Keramik. Fast immer sind die Einzelstücke oder das komplette Eßservice von Hand bemalt. Farbenfrohe rustikale Motive, bisweilen auch schlichte britische Ornamente stehen dabei im Vordergrund. Die Herstellung der Tonwaren folgt strengen, überlieferten Regeln; nur einige junge Töpfer machen neuerdings kreative Zugeständnisse. Typisch für Menorca und die anderen Baleareninseln sind *ollas* und *greixoneras,* tönerne Kochtöpfe und Schüsseln, sowie die *bòtils,* Tonflaschen in verschiedenen Formen.

Leder

Schuhe und Lederwaren aus Inselproduktion findet man beispielsweise in *Maó* bei *Milady* (*Moll de Llevant, 305,* und *C/. Nou, 37*) und bei *Pons* (*C/. Infanta, 7;* Schuhe), in *Alaior* bei *Gomila* (*C/. Miguel de Cervantes, 46;* Schuhe) in *Ciutadella* in der Lederfabrik *Leo* (im *Polígono Industrial*) und bei *looky* (*Ses Voltes, 14*), in *Ferreríe*s bei *Rubrica* (im *Polígono Industrial*).

MENORCA-KALENDER

Heiße Johannistage

Wiehern und Hufgeklapper gehören zu den bunten Inselfesten

Eigentlich sollen die Menorquiner für mediterrane Verhältnisse einen eher kühlen Charakter haben. Der wird jedoch spätestens im Juni um einen guten Schuß Temperament bereichert. Die Feierlichkeiten zu Sant Joan, dem Johannisfest, in Ciutadella stellen auch im nationalen Vergleich einen der Höhepunkte des spanischen Festkalenders dar. Aus Maó, aus Mallorca und selbst vom Festland reisen unternehmungslustige Kurzzeitgäste an, um zwei, drei Tage lang ein Spektakel zu genießen, dessen Wurzeln ins tiefe Mittelalter reichen. Damals schon sollen die Zünfte durch die Straßen gezogen sein, begleitet erst von rüstungsstarrenden Rittern des Malteserordens, in späteren Generationen von den berittenen Angehörigen des Stadtadels. Näheres über die Ursprünge des Festes weiß man nicht, da das Stadtarchiv 1558 den Türken zum Opfer fiel. Das jetzige Ablaufprotokoll geht auf das Jahr 1611 zurück. Auch heute noch preschen schweißbedeckte Pferde durch die aufgewühlte Menschenmenge, da wird gelacht, getanzt und angebändelt,

und da wird auch getrunken, oft mehr, als manchen Leuten guttut. Die Unfallstatistik, die alljährlich »am Tag danach« in den Tageszeitungen veröffentlicht wird, belegt, daß soviel Frohsinn und Übermut nicht folgenlos geblieben sind. Im übrigen ist auf Menorca auch bei vielen anderen *festes* und *jaleos* das Pferd dabei. 1994 zählte man bei den Johannisfeiern in Ciutadella 147 Rösser; zu den 21 000 Einheimischen gesellten sich rund 30 000 Besucher, 13 000 von ihnen aus Mallorca oder vom Festland.

GESETZLICHE FEIERTAGE

1. Jan. *Año Nuevo*, Neujahr
6. Jan. *Los Reyes Magos*, Hl. Drei Könige
März/April *Jueves Santo*, Gründonnerstag, *Viernes Santo*, Karfreitag
1. Mai *Día del Trabajo*, Tag der Arbeit
Mai/Juni *Corpus Christi*, Fronleichnam
15. Aug. *Asunción de María*, Mariä Himmelfahrt
12. Okt. *Día de la Hispanidad*, Tag der Entdeckung Amerikas
1. Nov. *Todos los Santos*, Allerheiligen
6. Dez. *Día de la Constitución*, Verfassungstag
25. Dez. *Navidad*, Weihnachten

Wenn in Ciutadella Johannisfest gefeiert wird, sind Rosse und Reiter von Schaulustigen umringt

MARCO POLO TIPS FÜR FESTE

1 Festes de Sant Joan in Ciutadella
Zum Johannisfest mit seinen Reiterdarbietungen strömen Besucher von der ganzen Insel hierher (Seite 30)

2 Festes de la Verge de Gràcia in Maó
Den krönenden Abschluß des Danksagungsfestes zu Ehren der Inselpatronin bildet ein grandioses Feuerwerk (Seite 31)

ÖRTLICHE FESTE UND VERANSTALTUNGEN

Januar
17. 1., Ciutadella: *Festa de Sant Antoni*, Antoniusfest; *Processió d'es tres Tocs*, Umzug zum Gedenken an die Rückeroberung Menorcas von den Mauren durch Aragoniens König Alfons III. im Jahr 1287

Februar
Carnaval; eine bescheidene Ausgabe des Karnevals wird in Ciutadella und Maó gefeiert

März
19. 3., Ferreríes: *Día de Sant Josep,* Josephstag; Versteigerung typischer verzierter Brote

März/April
Setmana Santa, Karwoche; unter den Prozessionen sticht die *Processió del Sant Enterrament,* die Karfreitagsprozession, in Maó hervor; am Ostersonntag singen Folklorechöre auf Straßen und in Kirchen der ganzen Insel

Mai
8. 5., Es Mercadal: *Festa de la Verge del Toro;* als Schutzpatronin der Ortschaft wird die Hl. Jungfrau vom Monte Toro mit einer feierlichen Messe samt anschließender Prozession geehrt

Mai/Juni
Pentecostés, Pfingsten: typisch die Landausflüge, oft verbunden mit einem ausgiebigen Picknick der ganzen Familie

Juni
★ Sonntag vor *Sant Joan,* Johannis, Ciutadella: Beginn der Johannisfeiern mit dem *Día d'es Be;* Höhepunkt der *Festes de Sant Joan* am 23./24.

29. 6., Port de Maó: *Festa de Sant Pere,* Fest zu Ehren des hl. Petrus, Schutzpatron der Fischer; Fischerboote versammeln sich im Hafen

Juli
9. 7., Ciutadella: Tag des Gedenkens an den Einfall der Türken im Jahr 1558; Lesung aus dem Buch *Llibre Vermell*

15./16. 7., Maó, Ciutadella und Fornells: Prozessionen mit Schiffen und Fischerbooten zu Ehren Unserer Lieben Frau vom Berge Karmel

24./25. 7., Es Castell: *Festa de Sant Jaume,* Fest zu Ehren des hl. Jakobus

3. Sonntag, Es Mercadal: *Festa de Sant Martí,* Fest zu Ehren des hl. Martin; Umzüge und Reiterwett-

MENORCA-KALENDER

streit; seit alters werden zum Martinstag typische Gerichte der Gegend an jedermann gereicht

Letztes Wochenende, Fornells: Gemeindefest

August
1. Wochenende, Es Migjorn Gran: *Festa de Sant Cristòfal,* Fest zu Ehren des hl. Christophorus; Llucmaçanes: *Festa de Sant Gaietà,* Fest zu Ehren des hl. Kajetan

2. Wochenende, Alaior: *Festa de Sant Llorenç,* Fest zu Ehren des hl. Laurentius; mit etwas Glück gehört man zu jenen Festteilnehmern, die mit geweihtem Rosenwasser besprengt werden

3. Wochenende, Sant Climent: *Festes de Sant Climent,* Fest zu Ehren des Ortspatrons St. Klemens

23.–25. 8., Ferreríes und Ciutadella: *Festes de Sant Bartomeu,* Fest zu Ehren des hl. Bartholomäus; das Fest in Ferreríes ist das typischere

4. Wochenende, Sant Lluís: *Festes de Sant Lluís,* Fest zu Ehren des Ortspatrons St. Ludwig mit großem Kunsthandwerkermarkt

September
★ 7./8. 9., Maó: *Festes de la Verge de Gràcia;* mit großen Feierlichkeiten wird *La Mare de Deu de Gràcia,* die Hl. Jungfrau vom Monte Toro, geehrt, wozu auch Prozessionen und Reitervorführungen gehören; 1994 wurden mehr als 100 Pferde aufgeboten; den Abschluß bildet am 9. das *Castell des fog,* das wohl größte Feuerwerk der Insel

November
Der Allerheiligentag *(Tots els Sants)* wird überall mit Friedhofsbesuchen begangen; zur Stärkung ißt man *bunyols* (in Öl gebackener Hefeteig) und *panellets* (Gebäck aus Mehl, Mandeln und Honig)

Das Heiligtum der Verge de Gràcia auf dem Monte Toro

MAÓ UND DIE OSTSPITZE

Merry Minorca

*Den Engländern verdankt Maó seinen Rang als
administratives und geschäftliches Zentrum der Insel*

Seit Jahrhunderten schon schwelt der Wettstreit zwischen dem Westen Menorcas und dem Osten, zwischen Ciutadella und Maó. Noch lange nach dem Ausgang des Mittelalters war stets Ciutadella der wichtigste Hafen und damit der führende Ort der Insel. Das änderte sich erst mit den Engländern, welche die Insel besetzten und bis heute Minorca nennen. Widerstand gegen die britische Okkupation wuchs mit jedem neuen Gouverneur, be-

Blick auf Maó und seinen Hafen

sonders in den Reihen der noblen Familien, die von jeher überwiegend in Ciutadella lebten. Auch der Klerus, ohnehin echauffiert ob der plötzlichen Präsenz des konkurrierenden anglikanischen Bekenntnisses, verübelte Gouverneur Kane seine Einmischung in die Geschäfte des starken Arms der Kirche, der Inquisition. Die offiziellen Empfänge der englischen Würdenträger in Ciutadella für die Vertreter von Kirche und Adel müssen eisig verlaufen sein.

Ganz anders Maó. Hier empfand man die Engländer fast als

Hotel- und Restaurantpreise

Hotels
Kategorie 1: über 7000 Ptas
Kategorie 2: 3000 bis 7000 Ptas
Kategorie 3: bis 3000 Ptas

Die Preise gelten pro Person für eine Nacht. Meistens ist ein Frühstück eingeschlossen.

Restaurants
Kategorie 1: über 2000 Ptas
Kategorie 2: 1200 bis 2000 Ptas
Kategorie 3: bis 1200 Ptas

Die Preise gelten für ein Hauptgericht plus Getränk oder für ein komplettes Menü.

Wichtige Abkürzungen

	menorquinisch	spanisch	deutsch
Avda.	*Avinguda*	*Avenida*	Allee
C/.	*Carrer*	*Calle*	Straße
Ctra.	–	*Carretera*	Landstraße
Ptas	*Pesetes*	*Pesetas*	Peseten

MARCO POLO TIPS
FÜR MAÓ UND DIE OSTSPITZE

1 Cales Coves
Die Doppelbucht mit ihren 150 Höhlen blickt auf eine vielschichtige Vergangenheit zurück (Seite 48)

2 Kirche Santa María in Maó
In diesem Gotteshaus ist ein wahres Wunder der

Orgelbaukunst zu bestaunen (Seite 39)

3 Binibeca Vell
Das faszinierende Gewirr der Gäßchen, Erker und Winkel erscheint als Ferienhauskonzept der Zukunft (Seite 51)

Befreier, die obendrein Neuerungen und zusätzliche Handelsmöglichkeiten eröffneten. Deshalb zögerte Richard Kane wohl auch nicht lange, sondern machte das aufgeschlossene Maó kurzerhand zur Inselhauptstadt. Seither ist die Stadt für Menorca Drehscheibe des Handels, Sitz der Verwaltung, wichtigster Hafen und Zentrum der Justiz.

ES CASTELL

(**L5**) Schon an der Einfahrt des kilometerlangen »Fjords«, der in Maó endet, beeindruckt, wie tief sich englisches Kolonialherrendenken auf die Architektur ausgewirkt hat: rechteckiger Stadtplan, zentraler Hauptplatz, umgeben von Garnisonsgebäuden. Die ehemalige Kronsiedlung Georgetown, später auf den Namen Villacarlos umgetauft, heißt nun Es Castell (4630 Einwohner) und ist zu einer selbstbewußten Gemeinde aufgeblüht. Der kleine Hafen, *Cales Fonts,* ist voller Leben: Bars, Boutiquen, winzige Restaurants. Hierher verlagert sich ein gut Teil der abendlichen Szene aus Maó.

RESTAURANTS

Rocamar
Eine der führenden Adressen auf Menorca, wenn es um die anspruchsvolle Zubereitung von Fisch und Meeresfrüchten geht, mit Schwerpunkt *langosta.* Der Service ist zuvorkommend, die Preise gehoben. *Tgl. außer So abends, C/. Fonduco, 32, Tel. 36 56 01, Kategorie 1*

Trébol
Das kleine Hafenrestaurant hat auch unter Menorquinern einen guten Ruf, vor allem für seinen frischen Fisch. *Cales Fonts, 43, Tel. 36 70 97, Kategorie 2*

EINKAUFEN

Markt ist *Mo und Mi 9–13 Uhr.* Kunsthandwerk rund ums Glas: *Piedad Valderrey Dueñas, C/. Sant Jaume, 2a, Tel. 35 19 60*

HOTELS

El Almirante
Früher residierte Admiral Collingwood in diesem Anwesen aus dem 18. Jahrhundert; heute ist

MAÓ UND DIE OSTSPITZE

es jedermann zugänglich. Meernähe, Tennisplatz und Schwimmbecken. *38 Zi., Ctra. Port de Maó–Es Castell, Tel. 36 27 00, Kategorie 2*

Rocamar

Direkt am Meer gelegen, mit Blick auf den Hafen, keine 3 Kilometer von Maó entfernt, ist dieses Hostal mit seiner familiären, freundlichen Atmosphäre für alle Mietwagenbesitzer mit nicht zu hohen Ansprüchen eine ernst zu nehmende Alternative zu Unterkünften in Maó. *22 Zi., C/. Fonduco, 32, Tel. 36 56 01, Kategorie 3*

SPORT

Segeln lernen im *Club Náutico Es Castell* (25 Liegeplätze, Wasser, Strom, keine Zapfsäule), *Miranda de Cales Fonts, Tel. 36 58 84*

AM ABEND

Eher getragen statt Highlife, in der Gegend um Cales Fonts; kleine Läden sind bis in die Nacht hinein geöffnet, kleine Bars, gemütliche Cafés und Restaurants mit internationalem Fluidum schaffen eine angenehme Atmosphäre für einen ruhigen Abend unter Menschen. Genannt seien das *Mermelada* (Tanzbar mit gemischtem Publikum, *Urbanización Sol del Este*) und das *Flintstones* (gepflegte Diskothek mit guter Musik, nicht zu laut, und internationalem Publikum, zentral gelegen, *C/. Sant Jordi, 10*).

AUSKUNFT

Rathaus (Ajuntament), Tel. 36 51 93

ZIELE IN DER UMGEBUNG

Hafenrundfahrten mit dem *El Pirata*, einer kleinen dieselgetriebenen *llaut* (traditionelles Fischerboot der Balearen), sommers zweimal tgl. morgens und nachmittags, Abfahrt *Cales Fonts*.

Castillo de San Felipe (L 5)

Die Straße zum Friedhof *(Camí del Cementeri)* führt auch zu den Ruinen der Festung, die einst die Hafeneinfahrt von Maó beherrschte. Spaniens König Philipp II. sah gegen die ständige Bedrohung durch Piraten nur ein Verteidigungsmittel: die Errichtung einer Befestigungsanlage. Im Mai 1554 wurde mit den Arbeiten begonnen, doch erst 54 Jahre später endete der Ausbau – vorläufig, denn die Engländer bauten das Fort zu einer der sichersten Anlagen im gesamten Mittelmeer aus. Sie galt als so sicher, daß Karl III. nach seiner Thronbesteigung die Sprengung der Festung anordnete. Heute sieht man Ruinen, die langsam, aber sicher von der Natur zurückerobert werden, unterirdische Galerien und Verbindungsgänge sowie ein *Militärmuseum*, untergebracht in einer ehemaligen Pulverkammer *(Museo Militar, Sa/So 11–13 Uhr)*.

Eine weitere Festung birgt das Westufer der nahen *Cala Sant Esteve*. Hier erbauten die Engländer 1710–1716 das *Fort Marlborough*, ebenfalls mit einem Labyrinth unterirdischer Gänge ausgestattet. Das ganze Gebiet ist heute militärische Schutzzone mit beschränktem Zugang.

Isla del Lazareto (L 5)

Ein riesiges Krankenhaus bedeckt die Südspitze der in der

Hafeneinfahrt gelegenen Insel. Hier war 1807 bis 1917 die Quarantänestation des Hafens untergebracht. Streng bewacht und durch wuchtige Mauern geschützt, muß das Hospital unzählige tragische Schicksale erlebt haben. Daß auch die Hausgeistlichen keinesfalls vor unseligen Seuchen gefeit waren, belegt die Erfindung der »Hostienmaschine« durch den Pfarrer Francisco Preto, die es erlaubte, das Abendmahl ohne Hautkontakt zu spenden.

Außer dem Lazarett, das vom spanischen Gesundheitsministerium als Kurhaus für Beamte und als Kongreßstätte genutzt wird, gibt es ein kleines *Museum.* Im Sommer gehen dreimal wöchentlich *(Do, Fr, Sa)* Boote ab *Cales Fonts.*

MAÓ

(**K-L 4-5**) Urenglische Merkmale sind nicht nur in die Fassaden vieler Häuser Maós gemeißelt, sondern auch in die Gesichter ihrer Bewohner. Man sieht und spürt in der lebendigen Inselhauptstadt (22 100 Einwohner) auf Schritt und Tritt, daß die Briten, die ungefähr ein Jahrhundert lang Herren Menorcas waren, Spuren ihrer Denk- und Lebensart ebenso hinterlassen haben wie leibliche Nachfahren. Rotblonde Haarschöpfe sind zu sehen, kantige Kiefer, drahtige Figuren; mitunter verrät lediglich die Kleidung oder die Sprache, ob es sich um einen Insulaner oder um einen angelsächsischen Urlauber handelt.

Urenglisch ist auch die Plaça d'Esplanada. Alle wichtigen Zufahrtsstraßen enden hier, und hier sollte man als Autofahrer möglichst auch den Wagen abstellen, denn der Stadtkern bietet kaum Parkplätze. Solche gibt es sowohl in der Tiefgarage unter dem Platz als auch in den umliegenden Straßen; allerdings sind sie gebührenpflichtig. Auf dem Platz selbst, ehedem Wehrübungsplatz der britischen Besatzer, spielen Kinder zwischen den Hibiskussträuchern der Gartenanlage, und Touristen ruhen sich auf den Bänken vom anstrengenden Besichtigungsgeschäft aus. Wer Hilfe braucht, findet im Fremdenverkehrsbüro an der Nordflanke des Platzes freundliche Beratung.

STADTRUNDGANG

Von der *Plaça d'Esplanada* führt die *Carrer de ses Moreres* nordwärts in den alten Teil der Stadt. Schaufensterbummel: Boutiquen findet man, Souvenirgeschäfte, einen Schnellimbiß und eine Bronzebüste. Die gibt einen der illustren Maoneser wieder: Dr. Mateu Orfila; er gilt als Gründer der Lehre von den Giften, der Toxikologie, und wurde im Pariser Institut Pasteur als einer der führenden Wissenschaftler seiner Zeit gefeiert.

Am Ende der Allee zweigt links die *Carrer Bastió* ab, rechts geht es zur *Costa d'en Deià* und zur *Plaça Reial* mit dem *Stadttheater*, dem *Teatro Principal.* Den Blick geradeaus gerichtet, würde man auf jenes Stadttor sehen, durch das Barbarossa in Maó eindrang, die Stadt blutig unterwarf, plünderte und über 1000 Einwohner verschleppte. Dramatische Fußnote der Geschichte: Einige wenige Händler sollen dem Piraten

MAÓ UND DIE OSTSPITZE

die Tore geöffnet haben, um die eigene Habe zu schützen. Doch die Zeit vergibt, und auch Stadttor und Stadtmauer sind der modernen Stadtplanung gewichen. Die *Carrer Hannover* oder, wie die Menorquiner vorziehen, die *Costa de Sa Plaça* ist wieder Einkaufsstraße. Bücher, Mode und Souvenirs, Hamburgers und Schuhe kann man hier kaufen. Ab und zu bricht eine kleine Bar die Ladenzeilen auf, und palmenbestanden und kopfsteingepflastert bringt auch die *Plaça Colón* Abwechslung. Hier und in der *Carrer Nou*, in den Hauptschlagadern der Fußgängerzone, trifft man sich, wenn in Maó Feste gefeiert werden, oder nur so, zum Kaffeetrinken. Apropos Kaffee: Zum Frühstück und zur *merienda*, der kleinen Zwischenmahlzeit um 10–11 Uhr beziehungsweise 16–17 Uhr, ist man in den Bars und Cafés der Stadt gut aufgehoben. Dann genießt man je nach Geschmack bei einer *ensaimada* und einem *café con leche* oder bei einer Portion *tapas variadas* mit einem kühlen Bier den Blick auf die vorbeieilenden Menschen. Seit Jahren bekannt und beliebt sind »Klassiker« wie die *American Bar* (gemischtes Publikum, *Plaça Reial*), *Café Europa (tapas* probieren; *Rovellada de Dalt, 68)* oder die *Granja La Menorquina* (fast im-

Das Zentrum der Inselhauptstadt Maó gehört den Fußgängern

mer voll; *Carrer Rosario, 7)*. Wer ganz gezielt auf *tapa*-Suche geht, der sollte sein Glück in der Bar ✪ *La Morada* versuchen *(Plaça Bastió, 12)*, wo die kleinen Appetithappen mit einem *penalty* (»Freistoß« = ein kleines Bier) heruntergespült werden.

Über *Plaça Reial* und *S'Arravaleta* – vormittags philosophieren auf den Bänken der Straße Maoneser Pensionisten, nachmittags unternimmt hier die Jugend erste Annäherungsversuche gegenüber dem anderen Geschlecht – gelangt man zur *Plaça del Carme*. Reichlich vor 14 Uhr sollte man hier ankommen und Zeit mitbringen, denn Maós Wochenmarkt versteckt sich im ehemaligen Kloster *Claustre del Carme*. Punkt 13 Uhr gehen die gußeisernen Tore zu. Das war es dann für heute, nur der leichte Fischgeruch des nahen ✪ Fischmarkts *(Mercat des Peix)* zeugt noch von den weltlichen Aktivitäten am Platze. Der Markt und seine Halle sind ein Unikum: sakrale Arkadengänge, lachende, pausbäckige Marktfrauen, Gemüse, Obst – doch die ehrwürdigen Säulenreihen (errichtet ab 1726 und bis heute nicht ganz fertiggestellt) ertragen diesen Trubel mit Gelassenheit, mußten sie im Lauf ihrer Geschichte doch schon Gefangene, lärmende Schulkinder und Richter beherbergen. Wer sein kleines Spektakel erleben möchte, der trinkt in der Marktbar *El Trueno* einen *carajillo* (kleiner Kaffee mit alkoholischem Zusatz), gibt anschließend ein großzügiges Trinkgeld und kann dann die Glocken läuten hören.

Die *Plaça Espanya*, mit reichlich Grün besetzt, windet sich zur Rechten der *Costa de Ses Voltes*

hinunter zum Hafen; links geht es über die *Carrer Santo Cristo* zurück zur Einkaufsstraße *Carrer Nou* und geradeaus zur *Plaça de la Conquesta*, dem ältesten Teil der Stadt. Hier befindet sich das *Kulturhaus (Casa de Cultura)* mit einer ergiebigen öffentlichen Bibliothek und dem Stadtarchiv; ein paar Schritte weiter steht das etwas klobig wirkende *Rathaus* (Baubeginn 1789). Einen schönen Panoramablick auf den Hafen bekommt man am Ende der kurzen Stichgasse ↘️ *Pont d'es Castell.*

Daß hier, am hochgelegenen Westufer, ein guter Platz zum Siedeln sei, dachten wohl schon die antiken Bewohner Menorcas. Megalithfunde an der *Plaça de la Conquesta*, der *talaiot* und die Megalithsiedlung Trepucó, kaum 2 Kilometer entfernt, legen ein steinernes Zeugnis davon ab. Schriftliche Dokumente hinterließen später die Römer, die ebenfalls den sturmsicheren Naturhafen nutzten. Doch Wachstum über die Stadtmauern hinaus, politische, juridische Verantwortung und die richtig guten Geschäfte kamen erst mit den Engländern.

Einen enormen Boom muß Maó im 18. Jahrhundert erlebt haben. Ältere Bauten wurden abgerissen oder umgebaut, ein neues Standardmaß wurde zur gesellschaftlichen Werteskala und zur Grundlage der Besteuerung von Immobilien. Auch heute noch fallen im Zentrum von Maó drei Standardwerte bei der Bemessung von Hausfassaden auf. Häuser mit einer Breite von einem *trast* (5 Meter) sind eher bescheiden; meistens dienen sie als Wohnhäuser, oder sie beherbergen Backstuben oder kleinere

MAÓ UND DIE OSTSPITZE

Läden. Das *trast i mig* (1,5 *trast* = 8 Meter) charakterisiert den gut eingeführten Mittelstand; wohlsituierte Händler und bessergestellte Beamte konnten sich solchen Luxus leisten. Die *dos trast*-Grenze wurde selten überschritten (2 *trast* = 10 Meter und mehr); hier ließen die Machthaber die (pekuniären) Muskeln spielen. Einige Mehrfamilienhäuser für betuchte Maoneser sowie öffentliche Gebäude übersteigen ebenfalls das Höchstmaß.

Englische Merkmale auch beim »Outfit« der Gebäude. Viele weisen heute noch Butzenscheiben mit dem typisch britischen Schiebemechanismus auf. Und der Vergleich im Detail überzeugt vollends: Türklopfer in Ciutadella beschreiben märchenhaft das Leben, Hände, Löwenköpfe und Gänsehälse grüßen dort den Ankömmling; in Maó hingegen verschafft man sich über eher starre, geometrische Figuren Zutritt.

Auch die beiden großen Kirchen Maós stammen aus der Blütezeit der Stadt. ★ *Santa María*, zwischen *Plaça de la Conquesta* und *Plaça de la Constitució*, wurde ab 1748 auf den Ruinen eines älteren Gotteshauses errichtet. Eher schlicht und demütig ist der erste Eindruck; Santa María überzeugt mehr das Ohr als das Auge. In seinem Inneren verbirgt sich nämlich ein wahres Wunderwerk damaliger Orgelbaukunst. In Auftrag gegeben bei den Schweizer Orgelbaumeistern Kyburz & Otter im Jahr 1809, kam das Instrument bereits ein Jahr später auf Menorca an. Mit seinen 3006 Pfeifen und vier Manualen war es schon bald landesweit bekannt, vor allem für seine Imitation von

Die Kirche Santa María in Maó birgt eine Schweizer Meisterorgel

Menschenstimmen. In unregelmäßigen Abständen werden Orgelkonzerte veranstaltet (Tourismusinformation fragen). Wer die Möglichkeit hat, erfahrene Organisten auf einer der bemerkenswertesten Orgeln Europas zu hören, sollte die Gelegenheit unbedingt nutzen. Bestaunen kann man das gute Stück an allen Wochentagen *9–13 und 17–20 Uhr*.

Für die Errichtung der Kathedrale Maós, *Sant Francesc*, brauchte man knapp ein Jahrhundert (1719–1792), was sich nicht zuletzt in der Mischung ihrer Baustile widerspiegelt. Herrschaftliche Häuser säumen den Weg hierher; in einem von ihnen ist auch die Menorca-Zentrale der größten Vogelschutz- und Naturschutzbewegung der Balearen zu finden, des *GOB (C/. Isabel II, 42, 2. Stock)*.

Zurück zum Ausgangspunkt gelangt man schließlich über den leichten Anstieg der *Carrer Sant Roc* zur *Plaça Bastió*. Das

Tor war Teil der antiken Stadtmauer und Ausgangspunkt einer langen Reise zum Westzipfel der Insel, nach Ciutadella. Heute ist im linken Turm eine Verbraucherschutzorganisation untergebracht; den Platz selbst beherrschen Bars und Cafeterias.

HAFENGEGEND

»Julio, agosto y Mahón / los mejores puertos del Mediterráneo son«, reimte wortgewandt einer, der es wissen mußte (zu deutsch: Juli, August und Mahón sind die sichersten Häfen im Mittelmeer). Andrea Doria, Admiral der spanischen Majestät, konnte von seinem Lieblingshafen nur Positives berichten: Ausreichender Tiefgang, exzellenter Wind- und Wetterschutz für eine ganze Flotte und gute medizinische Versorgung zählten zu den nautischen Stärken der 3 Meilen langen und bis zu 800 Meter breiten Hafenschneise. Bei Bedarf konnte das gesamte Hafenbecken außerdem durch eine Festung (San Felipe) fest verschlossen werden, wie eine Rumflasche mit dem Korken: ein militärischer Idealhafen, in seiner Größe einzigartig im Mittelmeer.

Eher zivile Verwendungszwecke haben erst in jüngster Zeit moderne Maoneser Landratten dem Hafen hinzugefügt. Nach Baixamar, »hinunter zum Meer«, geht man heute des Vergnügens wegen. Dabei offeriert die Hafenmeile nicht nur ein ständig steigendes gastronomisches Angebot, an dessen Spitze natürlich Fisch und Meeresfrüchte stehen, sondern auch vielfältige sportliche Aktivitäten rund ums Meer und eine weite Palette von Unterhaltungsmöglichkeiten, angefangen von Souvenir-Shops, einem Aquarium, Bootsausflügen und der inselweit bekannten Gin-Destillation Xoriguer als Gelegenheiten für tagsüber bis hin zu unzähligen Diskotheken, Bars und Pubs, die oft in den ehemaligen Lagerhallen des Frachthafens untergebracht sind, wo man den Abend bis in die tiefe Nacht hinein verbringen kann.

Baixamar ist aber nicht nur die aufgeputzte Gegend um die beiden prominenten Hafenmolen, die nördlich gelegene Moll de Ponent, die gegen Süden in die Moll de Llevant und schließlich in die Cala Figuera übergeht, sondern auch der westliche, gegenüberliegende Küstenstreifen. Hier regieren die großen Industriebetriebe, Lager und Handelskontore sowie die Verladestationen der Fähren; unvorteilhaft stößt hier auch das einzige Kraftwerk Menorcas auf, das einen Teil der Insel mit Energie versorgt – der Rest kommt übers Meer, per Unterseekabel von Mallorca.

In dieser Schattenseite des Hafens sieht Maó augenscheinlich nicht die Zukunft. Wie sonst wäre das Projekt für den Ausbau des Port de Maó um einen so üppig dimensionierten Sporthafen zu verstehen, der die Inselmetropole mit einem Schlag auf Platz eins im inselweiten Größenvergleich katapultierte?

MUSEEN

Aquarium

Eine meeresbiologische Untersuchungsstation ist Menorca verwehrt geblieben; die Institution siedelte sich um die Jahrhundert-

MAÓ UND DIE OSTSPITZE

wende auf der Nachbarinsel Mallorca an. Statt dessen wurde das Aquarium eingerichtet, das vor allem Tiere und Pflanzen des Mittelmeers ausstellt. Wer mehr über das Leben unterhalb des umgebenden Wasserspiegels wissen möchte, wird den Besuch nicht bereuen. *Bei der Passagierschiffstation, im Hafen, Mo bis Fr 9.30–13 und 16–19 Uhr, Sa bis 14 Uhr, So 11–13 Uhr, Eintritt rund 300 Ptas*

Ateneo Científico y Literario
Bibliothek und kleine Ausstellung von Keramik, antiken Karten und Fossilien. *Revellada de Dalt, 25, nahe Plaça d'Esplanada, Mo–Sa 10–14 und 15.30–22 Uhr*

Colecció Hernández Mora
Wer mehr von Menorcas und speziell Maós jüngerer Geschichte wissen möchte, wird diese Sammlung besuchen wollen. Antike Karten, Bücher, Dokumente, Bronzebüsten und auch einige Möbel lassen längst vergessene Zeiten wieder lebendig werden. *In der Haupthalle des Claustre del Carme, Plaça del Carme, Mo–Sa 11–13 Uhr*

Museo de Menorca
Zwanzig Jahre haben die Umbauarbeiten gedauert, doch seit Ende 1995 ist das Museum unter der Schirmherrschaft der Balearen-Regierung nun wirklich wiedergeöffnet. Das Kloster *Sant Francesc,* Heimatmuseum der Insel, zeigt neben interessanten ethnologischen auch historische und archäologische Fundstücke. Damit ist der reichste Fundus Menorcas zu Traditionen, Brauchtum und Volkskunde der Öffentlichkeit endlich wieder

zugänglich. *Plaça des Monestir, Di–Fr 10–13 und 18–21 Uhr, Sa/So nur vormittags*

RESTAURANTS

Einmal abgesehen vom immer wieder empfohlenen *Club Marítimo* (Fisch, traumhafte Terrasse mit Blick über den Hafen; *Tischreservierung, Tel. 36 42 26*) gibt es eine ganze Reihe interessanter Restaurants im Stadtgebiet. Für den kleinen Hunger zwischendurch: Vielleicht die besten *ensaimadas* der Stadt und ausgezeichnete landestypische Teigwaren gibt es in der *Sucrería Ca'n Vallés (C/. Hannover, 19).*

Ca Na Pilar
◉ Traditionelle menorquinische Küche mit Klasse. Spezialitäten: Seezunge mit Kapern, gefüllter Tintenfisch. *C/. Cardona y Orfila, 61, Tel. 36 68 17, Kategorie 2*

Gregal
Einfach, sauber, korrekt, mit griechischem Besitzer und entsprechendem Einschlag auf der Speisekarte. Spezialität ist Fisch. *Moll de Llevant, 43, Tel. 36 66 06, Kategorie 2–1*

Jardín Marivent
Hafenrestaurant mit angenehmer Atmosphäre, spezialisiert auf Fisch. *Moll de Llevant, 54, Tel. 36 90 67, Kategorie 2–1*

Pizzaría Roma
⚘ Wahrscheinlich Maós beliebteste Pizzeria; normale Preise. *Moll de Llevant, 295, Kategorie 3*

La Tropical
Menorquinische Küche mit einigen klaren Rücksichtnahmen auf

den »europäischen« Geschmack.
C/. Lluna, 36, Tel. 36 05 56, Kategorie 3–2

EINKAUFEN

Markt (hauptsächlich Kunsthandwerk) ist *Di und Sa 9–13 Uhr* an der *Plaça d'Esplanada.* Unbedingt besuchen: die Markthalle *Mercat del Claustre del Carme (tgl. außer So 8–13 Uhr).*

S'Alambic
Typische Menorca-Souvenirs in einem typischen Menorca-Haus: Keramik, Modeschmuck, Kleidung, Leder, Liköre, Wein, Gin, Käse, Honig und vieles mehr. *Moll de Ponent, 36*

Bodega Ferré
Das Angebot umfaßt sämtliche Alkoholika. *C/. Ponent, 38*

Cascorder
Kunsthandwerkliches, Keramik, Korbwaren. *Moll de Ponent, 61*

Cerámiques Lora
Keramik aller Art. *Moll de Ponent, 33–36, Tel. 35 03 03*

Destilería Gin Xoriguer
Hier darf man menorquinischen Gin vor dem Kauf probieren. Außerdem wird eine breite Palette von Weinen angeboten. *C/. Ponent, 93, Tel. 36 21 97*

José María Irla Pi
Kunsthandwerk, kunstfertige Beschriftungen und Gravuren. *Urbanización Horizonte, Vía Estrellas, 4, Tel. 36 72 29*

José Francisco Lora Buzón
Hier widmet sich gleich die gesamte Familie der Keramikherstellung, landestypisch, handbemalt, mit schlichten, ländlichen Motiven; relativ günstige Preise. Den Einkauf kann man mit einem Blick in die Werkstatt verbinden. *C/. Sant Felip, 6-1d, Tel. 35 03 03*

Miguel Martínez
Kinderspielzeug, vor allem aus Holz. *C/. Roig, 19, Tel. 36 20 76*

Antonio Mullarach Farras
Polsterung, edle Stoffe, teilweise aus eigener Herstellung. *C/. Andrea Doria, 24, Tel. 36 20 76*

Das Heer gibt gute Karten her

Gute Menorca-Karten auf dem neuesten Stand sind eine Seltenheit. Oft fehlen neue Straßenzüge oder schöne Wanderwege selbst auf den relativ teuren touristischen Karten der Insel. Die Gratisgabe der Tourismusinformation bietet sowieso nur einen groben Überblick. Deshalb ein Tip: In ganz Spanien steht das Militär mit seinem Geographischen Heeresdienst *(Servicio Geográfico del Ejército)* auch Zivilisten zu Gebote. Die Karten sind zudem recht günstig und für jedermann gegen Vorlage des Personalausweises erhältlich. Menorca-Karten gibt es einteilig im Maßstab 1:100 000 und mehrteilig im Maßstab 1:50 000 und 1:25 000. Die kartographische Abteilung befindet sich in Maó, Costa de Deiá, 4.

MAÓ UND DIE OSTSPITZE

Musupta Piel
Leder-, Wildleder-, Nappamodelle nach eigenen Entwürfen. *C/. Calvo Sotelo, 26*

Lluís Puig Olives
Silberschmiedearbeiten. *C/. Isabel, 32, Tel. 36 22 26*

El Turronero
Wer eßbare Menorca-Andenken sucht, ist hier bestens beraten. Das Angebot umfaßt nicht nur Süßigkeiten *(turrones)* und ein ausgezeichnetes Speiseeis aus eigener Herstellung, sondern auch Gin, Käse und Wurstwaren von der Insel. *C/. Nou, 24*

Francisco Vanrell Olives
Arbeiten in edlen Metallen. *C/. Carme, 84, Tel. 36 27 30*

HOTELS

Capri
Drei-Sterne-Hotel direkt im Stadtzentrum, sauber, fast luxuriös; Zimmer mit Fernsehen und Minibar. Wird hauptsächlich von Handelsreisenden besucht. *87 Zi., C/. Sant Esteve, 8, Tel. 36 14 00, Fax 35 08 53, Kategorie 1*

Residencia Jume
⚡ ◉ Hier kommt man für wenig Geld unter, wenn auch bei bescheidenem Komfort. Das Haus hat seit Jahren den Ruf einer soliden Unterkunft, in der viele jüngere Gäste vom spanischen Festland Quartier beziehen. *42 Zi., C/. Concepció, 4–6, Tel. 36 32 66, Fax 35 48 34, Kategorie 3*

Port Mahón
Das wohl bekannteste und renommierteste Hotel der Inselhauptstadt, ein Vier-Sterne-Etablissement. Es bietet einen hervorragenden Blick über Sporthafen und Meer. Völlig renoviert und mit erstklassigen Installationen versehen, ist die Unterkunft allerdings nicht billig. Klimaanlage, Schwimmbecken, Minibar. *74 Zi., Fort de l'Eau, 13, Tel. 36 26 00, Kategorie 1*

SPORT

Segeln
Gleich bei drei Unternehmen kann man in Maó segeln lernen (Segelscheine) und Segelboote ausleihen, und zwar bei: *Menorca Náutica* (Motorboote und Yachten), *Moll de Llevant, 163, Tel. 35 45 43; Yrisha Charters* (Verleih von Jollen und Wasserbobs), *Moll de Ponent, Liegeplatz 67, Tel. 908 63 85 57 (mobil); Samba* (Segelschule, Yachtausflüge, Gruppenausflüge per Yacht, Ausbildung), *C/. Bonaire, 19, Tel. 35 29 02 und 908 63 09 11 (mobil).*

Tennis
Tenis Mahón (öffentlicher Tennisplatz, Flutlicht), *C/. Trepuco, 4, Tel. 36 57 03*

AM ABEND

Schwof vor allem für junge Leute bietet der nördliche Hafenbereich um die ⚡ *Moll de Ponent*. Hier sind eine ganze Reihe von Bars, Cafés und umfunktionierten Hafenkneipen ganz auf nächtliche Abenteuer eingestellt. Groß in Mode sind vor allem bei den Einheimischen das ◉ *Café Mediterráneo*, das *Drake*, das *Cadewe*, jugendstil, das *Baixamar*, für ganz Junge das ⚡ *Akelarre* und das ⚡ *Ikaro*, für nicht mehr ganz Junge das *Tríptic*.

Das südlich gelegene Hafenviertel um die *Moll de Llevant* gibt sich ruhiger, gesetzter und internationaler. Hier kann man auf der Terrasse des *Club Marítimo* einen abschließenden *cortado* trinken oder einen Longdrink im *Oh-la-la* oder im *Café Alba* zu sich nehmen. *Es Fosquet* bietet außerdem eine breite Auswahl an *tapas*. Wer mehr Musik sucht, ist mit dem *Chocolate* gut beraten *(C/. Alaiort, 14)*, einer Disko-Bar mit Ambiente und viel Publikum bis spät in die Nacht *(im Sommer bis 4 Uhr)*. Ruhiger ist dagegen die *Bar Nou* mit Billardtisch *(C/. Nou, 1, 1. Stock)*. Noch ein Tip für junge Leute: das ✛ *Kyu (Moll de Llevant, 60)*.

Etwas gewöhnungsbedürftig, aber nicht ohne Reiz ist das ◉ *Jazzcava*, mit Live-Musik normalerweise Do und Salontanz am Wochenende *(Plaça Príncipe, 12a)*. Von morgens bis spät in die Nacht aktiv ist das *Café Mirador*, das seinen Namen (»Aussichtspunkt«) von seiner Terrasse mit ◐ Hafenblick ableitet; Spezialität des Hauses sind *bocatas* (belegte Brötchen) in vielen Varianten und *tapas (Plaça Espanya, 2)*.

AUSKUNFT

Oficina de Información turística
Plaça d'Esplanada, 40, Tel. 36 37 90

BUSSE

Bushaltestelle für die Fahrt nach Ciutadella: *C/. Barcelona, 8*. Mehrmals täglich fahren Busse dorthin; ihre Frequenz ist allerdings stark saisonabhängig. Auskunft erhältlich über *Tel. 38 03 93* (auf spanisch) oder bei der Tourismusinformation.

Weiter gibt es regelmäßige Verbindungen von Maó nach Es Castell, nach Sant Lluís, nach Es Migjorn Gran, Ferrerías und Cala Santa Galdana, nach Sant Climent und Cala En Porter, nach Alaior und Son Bou, nach Fornells und Arenal d'en Castell, nach Sant Cristòfal und Sant Tomás.

NÜTZLICHE ADRESSEN UND TELEFONNUMMERN

Rathaus *(Ajuntament): Tel. 36 98 00*
Flughafenauskunft: *Tel. 36 01 50*
Gratisauskunft zu Maó (allerdings nur in spanisch und englisch): *Tel. 900 30 05 84*
Deutsche konsularische Vertretung: *C/. Andréu, 32, Tel. 36 16 68, Fax 36 90 12*
Taxizentrale: *Tel. 36 71 11, 36 12 83 und 36 28 91*
Rotkreuznotruf: *36 11 80*
Polizeinotruf: 36 11 00 und 091
Hauptpostamt: *C/. Bonaire, 15*
Autovermietung: *Europcar, Plaça d'Esplanada, 8, Tel. 36 06 20, Fax 36 89 65*
Mofas und Fahrräder: *Motos Menorca, Cuesta de General, 18, Tel. 36 73 09* (das Mofa kostet rund 2000 Ptas/Tag, Versicherung und Helm eingeschlossen)

ZIELE IN DER UMGEBUNG

Hafenrundfahrten mit Schwerpunkt Port de Maó: Abfahrt im Sommer tgl. im Hafen an der *Destilería Gin Xoriguer*; die *Yellow Boats* der Schiffahrtsgesellschaft *El Menorquí* sind meistens etwas größer als das Boot *El Pirata*.

Inselrundfahrten mit den *Líneas de la Cruz* führen zu vielen entlegenen Stränden und Badebuchten, die oft mit dem Auto oder zu

MAÓ UND DIE OSTSPITZE

Fuß kaum erreichbar sind. Die Schiffahrtslinie befährt teilweise mit Glasbodenbooten weite Teile der Küste. Tagestouren starten von Maó aus in den Nordosten über *Sa Mesquida* zur *Illa d'en Colom* und zum *Naturschutzpark Es Grau* sowie in den Südosten über *Punta Prima, Cales Coves, Son Bou* und *Cala Santa Galdana* bis *Cala En Turqueta*; im Sommer sind Badepausen vorgesehen. Die Boote stechen während der Sommermonate *tgl. 10 Uhr* in See; Rückkehr gegen *17 Uhr.* Abfahrt im Hafen von Maó gegenüber dem Aquarium. Kartenvorverkauf: *Aquarium, Tel. 35 05 37.*

Golden Farm (L 4)

Illustrer englischer Kolonialbaustil (18. Jahrhundert), englisch der Name und englisch auch die Geschichten. Eine wird man ganz bestimmt zu hören bekommen: jene von Lord Horatio Nelson und Lady Hamilton. So romantisch das auch klingen mag: Der englische Admiral weilte lediglich sechs Tage, bedingt durch schlechtes Wetter, auf Menorca; Lady Hamilton war während dieser Zeit nachweislich in Italien. Doch wer weiß – vielleicht gab's ein geheimes Treffen … Die Golden Farm kann nicht besichtigt werden. Den besten Blick erhascht man auf die Fassade von der Meerseite aus; vom Anwesen zum Meer führt ein Fußweg.

Illa del Rei (L 4)

Gouverneur Kane gab die gewaltige Krankenhausanlage in Auftrag, die bis heute einen Großteil dieser Insel bedeckt. Seit seiner Errichtung im 18. Jahrhundert bis in die 50er Jahre diente der nahezu unverändert gebliebene

Bau als Krankenhaus. Düstere Geschichten ranken sich um die Insel, die englische Seeleute schon vor über 200 Jahren auf den Namen *Bloody Island* (»Blutige Insel«) tauften – chirurgische Abfälle sollen seinerzeit direkt im Meer gelandet sein. 1986 schrieb der Stadtrat von Maó das Gebäude für die Einrichtung einer öffentlichen Institution aus. Von einem Genforschungszentrum war die Rede, von einem Museum, Elton John wollte dort seinen Wohnsitz nehmen, die Elektrizitätswerke der Balearen eine Forschungsanlage und private Spekulanten ein Hotel unterbringen. Bis 1995 stand das Gebäude allerdings weiterhin leer. Auch die Reste einer frühchristlichen Basilika sind auf der Illa del Rei zu finden, deren Hauptattraktion, ein relativ gut erhaltenes Mosaik, allerdings in der Casa de Cultura in Maó ausgestellt ist.

Sa Mesquida (L 4)

Bucht und Fischerdorf behalten sich vor allem die Menorquiner selbst vor. Hier badet der Maoneser, hier sonnt sich die Maoneserin. Urlauber sind zwar nicht ausgeschlossen, aber eindeutig nicht auf ihrem Territorium. Die rund 700 Meter lange Küstenlinie wird durch eine Landzunge zweigeteilt. Der größere Strand ist rund 300 Meter lang, jedoch nicht unbedingt für Kinder geeignet, da der Grund schnell abfällt. Von Sa Mesquida ging übrigens die französisch-spanische Rückeroberung im Jahr 1781 aus, Grund genug für die Engländer, die Bucht mit einer eigenen Befestigung (1798) zu sichern. Ein Restaurant-Tip: *Cap Roig (Tel. 908 63 65 93 [mobil], nur sommers,*

Kategorie 2); gemütliche Terrasse mit Blick aufs Meer. Der Besitzer versichert, nur tagesfrischen Fisch anzubieten.

Es Murtar (L 4)
In schwarzen Schiefer eingefaßte Bucht, mehr zum Angeln als zum Baden genutzt, meistens still und ziemlich menschenleer. Der Grund der Bucht fällt langsam ab.

Talaiot de Trepuco (L 4)
Die etwa 2 Kilometer südlich von Maó gelegene prähistorische Siedlung wird oft als die Anlage mit dem spektakulärsten Heiligtum, der *taula* (über 4,20 Meter Höhe), und mit dem größten *talaiot*-Bau (40 Meter Seitenlänge) der Balearen beschrieben. Sechs weitere Steintürme, von denen antike Chroniken berichten, sind heute verschwunden; vielleicht dienten sie als Baumaterial für die Barrikaden und Rampen, die der französische Gouverneur im Jahr 1781 errichten ließ, um aus unmittelbarer Nähe des *talaiot* die Festung San Felipe beschießen zu können.

Talatí de Dalt (L 5)
Diese gut erhaltene und restaurierte antike Siedlung war bis in die Zeit der römischen Besatzung bewohnt. Augenfällig die Steinstütze, die den gewaltigen Schlußstein der *taula* abfängt. Die Zufahrt ist ausgeschildert an der Landstraße Maó–Flughafen, km 4.

SANT CLIMENT

(K 5) Vorzugsweise den Maoneser Mittelstand zieht es neuerdings hierher, wo er sich, keine 10 Kilometer von der Inselhauptstadt entfernt, schon auf dem Lande fühlen kann. Ansehen sollte man die *Basílica des Fornas de Torelló* mit einem Mosaik aus dem 6. Jahrhundert und den *Talaiot de Torelló* (beide links der Landstraße Sant Climent–Maó, kurz vor der Abfahrt Flughafen/*Airoport*). Un-

Eine Attraktion ersten Ranges ist die Höhlendisko Cova d'en Xoroi

MAÓ UND DIE OSTSPITZE

weit davon fällt auch ein Landgut auf, das bei näherem Hinsehen Jugendstilelemente aufweist; es trägt den Namen *Curnia* und soll durch einen Gaudí-Schüler geplant worden sein. Hinter dem Hauptgebäude liegt ein weiterer *talaiot (Talaiot de Curnia, km 2,8).*

RESTAURANT

Es Molí de Foc
Gute internationale Küche mit französischen Nuancen, untergebracht in einer alten, gut restaurierten Mühle; angenehme Atmosphäre. *C/. Sant Llorenç, 65, Tel. 15 30 13, Kategorie 2*

EINKAUFEN

Josefina Egea Gómez
Keramik aus eigener Werkstatt. *C/. Binixica, 166, Tel. 15 32 64*

SPORT

Picadero Doble C
Reitklub. *Landstraße nach Cala En Porter, Tel. 36 42 31*

AM ABEND

Restaurante Casino San Clemente
Hier kann man in gut britischer Atmosphäre gemütlich zu Abend essen, Di, im Sommer auch So ab 21.30 Uhr bei Jazz live. *C/. Sant Jaume, 4, Tel. 15 34 18*

AUSKUNFT

Fremdenverkehrsbüro in Maó

ZIELE IN DER UMGEBUNG

Cala En Porter   **(15)**
Links noch Natur (von der Seeseite aus gesehen), gräbt sich

rechts eine Feriensiedlung den Hang hinauf. Der Strand am Ende der Bucht ist an die 400 Meter breit, feinsandig und fällt seicht ins Meer ab – ideal für die ganze Familie. Das hat sich allerdings bereits herumgesprochen.

Zu empfehlen ist das etwas im Landesinneren gelegene *Hostal Sa Payesa* (sehr zuvorkommender Service, ausreichende Ausstattung, angemessene Preise, Sonnenterrasse, Schwimmbecken, hauptsächlich englisches Publikum, Hunde gestattet. *26 Zi., Via Principal, Tel. 37 73 89, Kategorie 3*). Ein Einkauftip für Keramik und Modeschmuck: *Andreu's (C/. Xaloc, Edifici Mediterrani, Local 2).*

Eine Attraktion ersten Ranges, die sich vor allem für den Abend anbietet, ist die Diskothek ❦ *Cova d'en Xoroi.* Lage, Sicht und Atmosphäre sind einzigartig. Auf halber Höhe zwischen Meer und Himmel, im Steilhang der Küstenfelsen gelegen, nur zugänglich über einen (gut befestigten) Natursteinpfad, gestattet sie einen atemberaubenden Ausblick auf Horizont und Wellen. Ein internationales Publikum tummelt sich hier und genießt die vielfältigen Hall- und sonstigen Effekte einer großen Naturgrotte. Kein Wunder, daß sich bekannte Legenden und Lieder der Insel um diesen Ort drehen.

Am bekanntesten ist die folgende Geschichte. Nach einer Reihe schlechter Beutezüge wurde der maurische Pirat Xoroi (»der Einohrige«) von seiner Mannschaft an der Küste Menorcas ausgesetzt. Bei der Verfolgung einer Wildziege stieß er auf die unzugängliche Höhle am Meer und baute sie zu seinem Stützpunkt aus. Unter den Bauern der

Jahrtausendelang dienten die Cales Coves als Unterschlupf

Umgebung sprach sich schnell herum, daß sich irgendwo ein Bandit versteckte; mal fehlten Hühner, mal ein ganzes Schwein, und irgendwann verschwand auch eine schöne junge Bäuerin spurlos. Der Zorn der Bauern wuchs, doch gelang es ihnen nicht, den Zufluchtsort des Diebes zu entdecken – bis Jahre später in einer kalten Winternacht ein bißchen Schnee auf die Felder Menorcas fiel und Spuren direkt zu der Höhle führten. Mit Messern und Knüppeln bewaffnet stürmten die Bauern die Zuflucht des Piraten, der sich kopfüber ins Meer stürzte. Die junge Frau fanden sie bei bester Gesundheit und mit drei Kindern, die später den Familiennamen Mercadal annahmen und sich in der Inselmitte niederließen. Doch das ist eine andere Geschichte... Der Pirat Xoroi ward nie wieder gesehen. Sein Mut, seine Freiheitsliebe und seine Tapferkeit wurden indessen noch Jahrhunderte später besungen.

Cales Coves (15)

★ Wie vor 3000 Jahren die Höhlenmenschen lebte bis 1995 ein Clan von späten Hippies in den Höhlen der Cales Coves. Die Hippies, die im Winter vereinzelt kamen, bildeten im Sommer eine regelrechte Kolonie. Aufgrund sich mehrender Proteste mußte schließlich die zuständige Gemeinde Alaior tätig werden: Im Frühjahr/Sommer 1995 wurde das Nationalmonument mit Polizeigewalt von seinen Bewohnern befreit. Der Ortsname (»Höhlenbuchten«) steht übrigens deswegen im Plural, weil sich die Bucht in zwei Geländeeinschnitte aufspaltet, von denen der eine eine Süßwasserquelle aufweist; beide sind tief in das graubraune Gestein gegraben. Das Wasser der Bucht ist ob des guten Windschutzes oft spiegelglatt und dazu kristallklar.

Die insgesamt etwa 150 Höhlen haben eine vielschichtige Vergangenheit. Die ältesten stammen aus dem 11. Jahrhun-

MAÓ UND DIE OSTSPITZE

dert v. Chr. und dienten als Wohnstätten. Bis ins 4. Jahrhundert v. Chr. grub man größere Höhlen ins Gestein, oft mit zentraler Stützsäule und Schlafnischen, die meistens ebenfalls als Wohnungen verwendet wurden. Auch römische Spuren sind gefunden worden. Einige der Höhlen dienten Kultzwecken, und immer wieder nutzten Seefahrer und Fischer die windgeschützte Bucht als Unterschlupf bei rauher See.

Es Canutells   (I 5)

Für die Bewohner von Sant Climent ist die Bucht der »Hafen« der Ortschaft. Besondere Merkmale: die in den Fels gegrabenen Bootsschuppen und der kleine Sandstrand, der über eine verwitterte Treppe zugänglich ist. In den letzten Jahren hat sich oberhalb der Bucht eine Siedlung immer weiter ins Landesinnere vorgeschoben; nur der westliche Rand der Bucht ist bisher weitgehend verschont geblieben. An der Verbindungsstraße von Sant Climent nach Sant Lluís kann man noch ein besonders schönes Beispiel menorquinischer Mischarchitektur bewundern. Der Herrensitz *Casat de Formet (Forma Vell)* aus dem 19. Jahrhundert beeindruckt durch seine rote Hausfassade und den terrassenförmig angelegten Park mit einer Reihe von Wasserspielen und Springbrunnen.

SANT LLUÍS

(L 5) Das Städtchen scheint soeben frisch gestrichen worden zu sein und wirkt wie aus dem Ei gepellt. Der Grundton Weiß dominiert, die Häuser sind durchweg flach,

die engen Straßen ruhig; nur ein paar Kinder spielen in der pinienbestandenen Parkanlage am Ortseingang, im Schatten des großen Windmühlenrades. Die Mühle ist übrigens restauriert und enthält eine bescheidene volkskundliche Ausstellung *(tgl. 9.30–13.30 Uhr, besser vorher anrufen, Tel. 15 09 50)*. Die Ortschaft zählt knapp 3000 Einwohner. Viele von ihnen sind Stadtflüchtlinge aus Maó. Auch eine wachsende Gemeinde ausländischer Bewohner hat sich in Sant Lluís angesiedelt, das französische Wurzeln hat. Der Ort ist jüngeren Ursprungs: Graf Lannion, Gouverneur unter französischer Flagge, gründete ihn bei einer kurzen okkupatorischen Stippvisite auf der Insel Mitte des 18. Jahrhunderts mit Zeichenstift und Lineal. Das Ortsbild ist entsprechend geometrisch. Die Kirche, die dem Ort den Namen gab, wurde dem französischen König Ludwig dem Heiligen geweiht, jedoch erst unter britischer Herrschaft fertiggestellt, da Menorca schon 1763 von den Briten zurückerobert wurde.

RESTAURANTS

La Caraba

Eigenwillige, aber schmackhafte Speisen nach Rezepten, die auf der traditionellen Menorca-Küche basieren, verfeinert durch das wohldosierende Händchen der Hausherrin. *Abends, C/. S'Vestra, 78, Tel. 36 94 20, Kategorie 2*

La Rueda

Zwar handelt es sich nur um eine Bar, doch serviert man hier inselweit bekannte *tapas. Im Ortszentrum*

EINKAUFEN

Markt ist *Mo und Mi 9–13 Uhr* im Ortszentrum.

HOTEL

Biniali
Ein Traum in weißem Kalk, mehrere Wohneinheiten, verschachtelt, verwachsen und doch ein winziges Drei-Sterne-Haus mit Swimmingpool, schöner Sonnenterrasse und familiärer Atmosphäre. *9 Zi., C/. Ullastrar, 50, Tel. 15 17 24, Fax 15 03 52, Nov. bis März geschl., Kategorie 1*

AM ABEND

Im nächtlichen Sant Lluís ist nicht viel los. Wer laute Musik mag, geht ins Disko-Pub ⭑ *Tonic*, etwas außerhalb der Ortschaft, in einer Höhle; vorwiegend jüngeres einheimisches Publikum. Mehr international geht es zu in der Disko *Pashá (Avda. Generalísimo).*

AUSKUNFT

Rathaus (Ajuntament), Tel. 15 09 50

ZIELE IN DER UMGEBUNG

S'Algar (L 5)
Hier wird geurlaubt. Für fast alle Sportarten rund um das feuchte Element bietet das Wassersportzentrum Club S'Algar Umsetzungsmöglichkeiten: Tauchen, Windsurfen, Segeln, Wasserski, Wasserbob, Wassersegeln (mit dem Gleitschirm) usw. Hier können auch Tauchausrüstungen

Recht urban wirken die modernen Fischerhäuser in Binibeca Vell

MAÓ UND DIE OSTSPITZE

und Segelboote geliehen, Tauchflaschen nachgeladen und Segel- bzw. Tauchscheine gemacht werden; für Gruppen oder Wiederholer lohnt sich die Frage nach Rabatten *(Club S'Algar Watersports Center, Passeig Maritim, Tel. 15 06 01).* Wer hingegen Ruhe und Naturschönheit sucht, der umrundet in 15–30 Meter Höhe die *Cala Rafalet* bis zu ihrer Nordflanke. Reitausflüge führt der Reitstall *Picadero Es Boaret* durch *(Tel. 15 10 49).* Für abendliche Abwechslung sorgt die Hoteldisko *S'Algar Disc.*

Biniancolla, Binidali, Biniparratx, Binisafúa (K–L 6)

Die Namen gehen auf arabische Wurzeln zurück, doch die zugehörigen Feriensiedlungen sind neueren Ursprungs. Fast jede entsprechende Cala hat ihren eigenen kleinen Sandstrand. An der Cala Biniancolla gibt es eine Segelschule *(Menorca Cruising School, Tel. 15 17 38).*

Binibeca Vell (K 6)

★ Die Touristenattraktion Nummer eins an der Südostküste Menorcas erinnert an einen Termitenbau. Zwar sind die Strukturen des »typischen Fischerdorfs« neueren Ursprungs, die verschachtelten Gänge, Tunnel, Abzweigungen und Nischen sollen in ähnlicher Form jedoch schon von fischenden Vorfahren ersonnen worden sein. Der Name der Ortschaft ist jedenfalls arabischen Ursprungs. Besonders kurz vor Beginn der Saison glänzt die gesamte Urbanisation in tadellosem Weiß, die Natursteinböden sind geputzt, Souvenirläden und Bars hängen die ersten Angebote ins Fenster – die Welt in Binibeca

Vell ist noch in Ordnung. Zur Hauptsaison wird es dann allerdings eng in den schmalen Gäßchen und Winkeln.

Cala Alcaufar (L 6)

So haben alle Fischerorte der Insel einmal ausgesehen, bevor sie sich in Feriensiedlungen verwandelten. Cala Alcaufar ist eine schlichte, hauptsächlich von Menorquinern bewohnte Siedlung mit weißen Bootsschuppen direkt am Meer. Ein natürlicher Wellenbrecher an der Einfahrt der Cala sorgt für ruhige See. Und gleich ein Hotel-Tip: das *Xuroy* am Rand der Feriensiedlung, in Meeresnähe gelegen; die einfache Zwei-Sterne-Ausstattung genügt allen Ansprüchen, und das bei vernünftigen Preisen – ruhige Ferien, fernab vom Rummel, sind garantiert *(Postanschrift: Apartado 250, Menorca, Tel. 15 18 20, Kategorie 3).*

Punta Prima (L 6)

Von Seglern wird dieses Südkap der Insel gefürchtet, bei den Urlaubern ist es nach wie vor beliebt. Punta Prima, einer der Pioniere unter den Ferienorten Menorcas, hat einen Strand aus feinem weißem Sand, der sanft ins Meer abfällt und eine breite Liegefläche besitzt, und ist entsprechend gut besucht. Bootsausflüge führen im Sommer von hier aus zur *Illa de l'Aire.* Am Westrand des Strandes erhebt sich ein Wacht- und Verteidigungsturm aus dem 18. Jahrhundert, der heute als Jugendherberge dient und vornehmlich spanische Jugendliche in Gruppen bis zu 15 Personen aufnimmt (Information: *Oficina de Información juvenil, Maó, Tel. 36 45 34).*

DIE TRAMUNTANA

Rauher, grüner Norden

Wo der Wind die Gestalt der Erde und das Wesen des Menschen formt

Die *tramuntana* ruht nicht und verzeiht nicht«, sagt ein altes menorquinisches Sprichwort und beschreibt damit wahrscheinlich am treffendsten die skurrilen Formen der Küstenfelsen, die Sturm und Gischt in Jahrtausenden in den Stein fraßen, die verwachsenen Pinien, die sich vor den strengen Nordwinden beugen. Es erklärt auch, weshalb Hunderte von Galeonen und Fischerbooten im Lauf der Inselgeschichte an der rauhen Küste zwischen Punta Nati und Cap de Favàritx sanken, warum die Menschen an der Nordküste Menorcas von stillem, in sich gekehrtem Wesen sind. Denn die *tramuntana* formt nicht nur Fels und Holz, sondern auch die Bewohner des Landes. So werden diesem bisweilen steifen Nordwind seit je psychische Einflüsse zugeschrieben; neuerdings weisen medizinische Statistiken tatsächlich Zusammenhänge zwischen dem Wind und einer deutlichen Neigung zu Depressionen nach. Nichtsdestoweniger

Auf den Feldern bei Es Mercadal ist die Getreideernte vorüber

liegen einige der herausragend schönen und stillen Naturstrände Menorcas innerhalb des Gebietes: Cala Tirant, Port d'Addaia, Arenal de Son Saura, Cala Pregonda, Na Macaret ...

FORNELLS

(I 1) ★ Hier genießt selbst die spanische Königsfamilie bisweilen eine *caldereta,* die in Fornells besonders gut zubereitet wird. Auch der Rahmen stimmt: eine stille, liebliche Lagune an der sonst rauhen Nordküste mit dem alten Fischerhafen, dessen Bewohner von jeher den Ruf der besten Langustenfischer im westlichen Mittelmeer besitzen. »Beste« bezieht sich dabei nicht nur auf das Fangvolumen – die edlen Meeresfrüchte werden bis nach Barcelona verfrachtet –, sondern auch auf den schonenden Umgang mit der *langosta,* denn die Fangzeit ist auf die Monate März bis Oktober beschränkt. Fornells (1500 Einwohner) vereint ohne Probleme die Eleganz glänzender Mercedes- und BMW-Limousinen mit der schlichten Einfachheit der Bewohner. Aber noch eine dritte Komponente be-

MARCO POLO TIPS
FÜR DIE TRAMUNTANA

1 Naturpark Es Grau
Über 90 Vogelarten brüten oder rasten in diesem zweitgrößten Feuchtgebiet der Balearen (Seite 57)

2 Cap de Favàritx
Wer stille und manchmal auch wilde Natur sucht, wird an diesem Küstenabschnitt fündig (Seite 57)

3 Fornells
Der Charme des alten Fischerhafens an lieblicher Lagune kontrastiert mit der sonst rauhen Nordküste (Seite 53)

---

sitzt der Ort: In den 60er Jahren siedelte sich der norwegische Künstler Arnulf Björndal in Fornells an und eröffnete am Ortseingang die erste Kunstgalerie der Insel. Vor allem skandinavische und spanische Maler zogen nach und erzeugten einen für alle Seiten fruchtbaren »Kurzschluß der Kulturen«.

Fornells selbst stammt aus dem 17. Jahrhundert. Als König Philipp IV. 1625 am Eingang der Bucht eine kleine Feste errichten ließ, siedelten sich bald danach eine Reihe von Fischerfamilien nebst zugehörigem Pfarrer an. Feste und Kirche hielten dem Zahn der Zeit nicht stand – das heutige Gotteshaus ist weit jünger (18. Jahrhundert).

RESTAURANTS

S'Ancora
Gute Küche, guter Service, gute *caldereta*. Lediglich das Lokal selbst ist nicht nach jedermanns Geschmack. Mittags serviert man ein komplettes Menü zu erschwinglichen Preisen. *C/. Gumersindo Riera, 7, Tel. 37 66 70, Kategorie 2–1*

Es Cranc
Eine gute Adresse für Fischgenießer. *C/. Escoles, 29, Tel. 37 64 42, Kategorie 2–1*

Es Plá
Hier werden dem Menorca-Gourmet die Augen feucht. Beim Blick über die stille Lagune serviert man eine der besten *calderetas* der Insel. Mittags bietet das Restaurant ein relativ preiswertes Menü. *Pasatje des Plá, Tel. 37 66 55, Kategorie 2–1*

HOTELS

Iris
Mehr Landhaus als Hotel; die 17 Zimmer sind gemütlich und entsprechen gehobenem Standard. Gut ist auch die Lage nahe am Sporthafen. *C/. Major, 17, Tel. 37 63 92, Kategorie 1–2*

La Palma
Einfache Pension, angeschlossen an eine Fischerkneipe; wer sich mit dem Nötigsten begnügt, aber günstige Preise und lebensnahe Atmosphäre sucht, liegt hier richtig. *17 Zi., Plaça de S'Algareta, 3, Tel. 37 66 34, Kategorie 3*

DIE TRAMUNTANA

SPORT

Obwohl kein offizieller Yachthafen, bietet Fornells auch einige wenige Liegeplätze; Wasser, Strom, Duschen sind vorhanden. Auskunft: *Tel. 37 66 04, Urbanización Ses Salines.*

Menorca Country Club
Nicht direkt in Fornells, sondern auf der westlichen Seite der *Punta Mala*, an der *Cala Tirant*, bietet dieses Aparthotel mit angeschlossenem Sportzentrum eine Vielzahl von Sportmöglichkeiten nicht nur für Hotelgäste. Man kann beispielsweise Segelboote leihen, tauchen und windsurfen lernen, Tennis spielen und sich anschließend bei einer Sauna oder einem Yacuzzi-Bad entspannen. *Urbanización Playas de Fornells (Cala Tirant), Tel. 37 65 22, Fax 37 65 23, April–Nov.*

Servináutic Menorca
Motor- und Segelbootverleih, Segelscheine und Wasserski. *C/. Major, 27*

Windsurf Fornells
Segeln und surfen lernt man hier in Kursen bei geschultem Personal; später können auch Surfbretter, kleine Jollen und Katamarane geliehen werden. *Am Hafen (Port de Fornells), Tel. 37 64 58*

AUSKUNFT

Pedánea de Mercadal de Fornells, C/. Escuelas, 23, Tel 37 66 08

AM ABEND

Besonders betuchtere Menorca-Gäste schätzen den abendlichen Gang über die Hafenstraße; meistens ist der Tisch in einem der genannten Restaurants bereits re-

Im Hafen von Fornells werden vorzügliche Langusten angelandet

serviert. Leider nur im August wird Klassik gespielt, und zwar in der *Kirche Sant Antoni (Do abends)*.

ZIELE IN DER UMGEBUNG

Cala Binimel.là   (E 2)

Nicht so still wie die Nachbarbucht *Cala Pregonda* (die ist gebührenpflichtig), aber mit ihrem roten, gröberen Sand und einer kleinen Süßwasserquelle recht attraktiv. Bar vorhanden.

Cala Tirant   (H 1)

Noch vor dem Ortseingang nach Fornells zweigt links die Zufahrt zu einer Feriensiedlung ab, die sich in den bisweilen recht steilen Hang der Cala Tirant gefressen hat. Der Strand ist weiträumig, aber oft durch angeschwemmte Algen verschmutzt.

Eine Anekdote zum ersten ausländischen Ansiedler weiß der Direktor des menorquinischen *Fomento de Turismo* zu erzählen: 1933 wollte sich der deutsche Maler Hans Hartung in der Stille der einsamen Bucht ein bescheidenes Haus errichten. Das damals ungewöhnliche Ansinnen erregte so viel Mißtrauen innerhalb der Bevölkerung, daß sogar das spanische Kriegsministerium Nachforschungen anstellte, um zu ermitteln, ob dieser eigenwillige deutsche Herr vielleicht nicht nur Künstler, sondern auch Spion sei. Schließlich brach das damalige *Fomento de Turismo* eine Lanze für den Maler. In einem Brief an die spanischen Behörden hieß es, man möge doch Herrn Hartung nicht weiter behelligen, auch deshalb, »weil er bisher der einzige Ausländer ist, dem es gelungen ist, sich auf menorquinischem Boden anzusiedeln«.

Cap de Cavallería   (F 1)

Auf diesem Nordkap Menorcas finden die tapferen Frauen von Sóller (Mallorca) ihre menorquinische Entsprechung. Zwischen *Cala Tirant* und *Cala Binimel.là* liegen die *Cases de la Cavallería* (»Kavalleriehäuser«), an die ein uralter Wehrturm angeschlossen ist. Dort sollen im 16. Jahrhundert zwei Bäuerinnen den einfallenden türkischen Seeräubern so lange getrotzt haben, bis schließlich Verstärkung kam.

Cova Polida   (I 1)

Die Höhle ist nur vom Wasser aus zugänglich und besonders reich an Tropfsteingebilden.

ES GRAU

(L 3) Der kleine Fischerhafen wird mehr und mehr zum Ausflugsziel der Menorquiner. Besonders am Wochenende bevölkern sich Gassen und Hafenbars. Feiner grauer Sand, das sanfte Gefälle, der Wind- und Wellenschutz durch die Insel Colom und die fast perfekte halbrunde Form kennzeichnen den Strand *Platja d'Es Grau*, rund 1 Kilometer vom Hafen entfernt. Im Sommer wird die Bucht allerdings stark von Segel- und Motorbooten frequentiert.

AUSKUNFT

Fremdenverkehrsbüro in Maó

ZIELE IN DER UMGEBUNG

Cala de Sa Torreta   (L 3)

Die 3 Kilometer nördlich von Es Grau gelegene Cala ist schlecht zugänglich und deshalb meistens menschenleer. Ihren Namen ver-

DIE TRAMUNTANA

Kahl und abweisend bietet sich das Cap de Faváritx dem Betrachter dar

dankt sie einem alten Wachtturm. Kleiner Sandstrand und ✷ Panoramasicht auf die *Illa d'en Colom*.

Cap de Faváritx (L 3)
★ ✷ Leuchtturm, bizarre Steinformationen in schwarzem Schiefer und große Abgeschiedenheit charakterisieren dieses Kap, das großartige Ausblicke entlang der Nordküste und hinaus auf die Weite des Meeres gestattet.

Illa d'en Colom (L 3)
Wer möchte, kann im Sommer die Insel besuchen. Ein kleines Fährboot (Abfahrt im Hafen von Es Grau vor der *Bar Bernat, ab 10 Uhr*) überbrückt die 500 Meter Entfernung. Viel zu sehen ist freilich nicht auf Colom. Eine Basilika wartet noch auf ihre Ausgrabung. Die sichtbaren Ruinen sind Überreste eines ehemaligen Quarantänelazaretts der Engländer.

Naturpark Es Grau (K–L 3)
★ In der Begründung für die Schaffung der *Reserva de la Biosfera* wird das zweitgrößte Feuchtgebiet der Balearen – das größte ist die Albufera Gran auf Mallorca – als Herzstück beschrieben. Am 4. Mai 1995 löste die Inselregierung ihr Versprechen ein, das 1790 Hektar umfassende Gebiet zum Naturpark zu erklären. Tatsächlich ist die Albufera d'Es Grau nur knapp dem »Tod durch Besiedlung« entgangen. Anfang der 70er Jahre entstand an den Ostufern der Lagune die großangelegte Feriensiedlung mit Golfplatz *Shangri-La*. Erst massive Proteste der Bevölkerung brachten das bereits im Bau befindliche Projekt zum Stillstand; vielen der bereits angesiedelten Ferienhausbesitzer droht nun Enteignung. Heute brüten oder rasten am Rand der seichten Gewässer über 90 Vogelarten, darunter Fischadler, Kormorane und Fischreiher. Die 67 Hektar große Salzwasserlagune selbst ist bevölkert von Aalen und Wasserschildkröten. Zu den Schutzmaßnahmen in der Albufera gehören ein Fahrverbot, ein striktes Campingverbot (gilt auch für Caravans), ein

Es Mercadal, überragt von dem 357 Meter hohen Monte Toro

Verbot, Feuer zu machen, und ein Verbot für alle Arten von Wasser- und Motorsport. Wanderungen innerhalb des Gebietes sind selbstverständlich erlaubt. Die Umweltschutzvereinigung GOB Menorca (C/. Isabel II, 42, Maó) betreibt ornithologische Beobachtungen und veranstaltet gelegentlich auch Führungen. Vorsicht: Während der warmen Jahreszeit gibt es viele Zecken!

ES MERCADAL

(**H 2**) Auffällig, besonders gegenüber den dunklen Rosttönen in der Nachbarortschaft Ferreríes, ist die Vorliebe der Mercadalenser für helle, lichte Farben. Fast alle Häuser sind strahlendweiß gestrichen, die Straßen zumeist weit und freundlich. Der Ort (3200 Einwohner) klingt Menorquinern aber vor allem als kulinarisches Ereignis angenehm im Ohr. In den gewaltigen Restaurants von Es Mercadal werden Erstkommunionen, Hochzeiten und andere Feste im Familien- und Freundeskreis begangen. Es Mercadal ist ferner für die Herstellung von Lederwaren bekannt. Vor allem Schuhe werden hier gefertigt, und zwar die für Menorca typischen *avarques*, eine Fußbekleidung mit Autoreifensohle und Oberteil aus kaum behandeltem Rohleder.

RESTAURANT

Ca'n Aguedet
Ein Haus mit Tradition und so viel Zulauf, daß der Besitzer gleich ein weiteres Restaurant in direkter Nachbarschaft eröffnete. Das »Original« bietet vor allem typische menorquinische Küche mit Schwerpunkt Meeresfrüchte

DIE TRAMUNTANA

und Eintopfgerichte. Mittags wird ein preiswertes Menü angeboten. *Tgl., C/. Lepanto, 23, Tel. 37 53 91, Kategorie 3–2*

EINKAUFEN

Markt ist *So 11–14 Uhr (C/. Verge del Monte Toro)*. Ab Mitte Juni bis 10. September sind *Mo–Sa 18.30 bis 21.30 Uhr* auch an der Umgehungsstraße *(Vía Ronda)* Marktstände zu finden. Auf dem *mercat* werden nicht nur die üblichen landwirtschaftlichen Produkte angeboten, sondern auch inseltypische Waren und Lebensmittel wie Käse, hausgemachte Marmeladen und Balearenweine.

Seidenmalerei und Kunstdruck auf Naturseide gibt es bei *Miguel González Piñero*, der auch auf den verschiedenen Handwerkermärkten der Insel zu finden ist.

Die *avarques*-Werkstatt *(taller)* findet man in der *Carrer Metges Camps, 3, Taller Gabriel Servera.* Ein auf den ganzen Balearen bekannter Zuckerbäcker *(Cas Sucrer, Sa Plaça)* bereitet *turrón* (das kann Marzipan, Erdnußmasse, türkischer Honig oder Schokolade sein) und *amargos* (Mandelmasse in Mandelform) in hervorragender Qualität.

HOTEL

Jeni
Weniger für einen Daueraufenthalt als vielmehr für eine Stippvisite im Raum Es Mercadal geeignet ist diese 24-Zimmer-Pension im Ortszentrum. Einfache, aber saubere Zimmer; im Garten gibt es einen kleinen Pool, und die Küche wird nicht nur von Pensionsgästen geschätzt. *Miranda del Toro, 81, Tel. 37 50 59, Kategorie 3*

AUSKUNFT

Rathaus (Ajuntament), Tel. 37 50 02

ZIEL IN DER UMGEBUNG

Monte Toro   (H 2–3)

Wie ein Igel mit Antennen und Spitzen besetzt, buckelt der Monte Toro (El Toro) seine 357 Meter aus der ansonsten nur leicht hügeligen Landschaft. Die höchste Erhebung der Insel bietet nicht nur einen phantastischen Panoramablick über die Tramuntana im Norden und den Migjorn im Süden sowie den Fischern auf See einen wichtigen Referenzpunkt, sondern beschert auch weiten Teilen Menorcas einen einwandfreien Rundfunk- und Fernsehempfang.

Am östlichen Ortseingang von Es Mercadal zweigt eine bequeme Zugangsstraße zum Monte Toro ab und nimmt dem einstigen beliebtesten Pilgerziel die Schärfe. Zum »Berg« *(Monte)*, wie ihn die Menorquiner kurz und bündig bezeichnen, pilgern heute vor allem Menorca-Urlauber. Die Kapelle *Mare de Deu del Toro* (Baubeginn 1670) duckt sich im Schatten der Sendemasten. Von hier aus segnet der Bischof jeden Mai die ganze Insel. Die Madonna ist übrigens auch die Schutzpatronin Menorcas. Ein Souvenirgeschäft mit einem breiten Querschnitt durch menorquinische Handwerkskunst und einer ausgewogenen Palette an inseltypischen Wurstwaren vervollständigt die bergeigenen Serviceeinrichtungen; Keramik und Modeschmuck sind ebenso vertreten wie die *ginet*-Flasche *(Tienda de Productos artesanales, Juni bis Mitte Okt. tgl. 10–21 Uhr)*.

Etwas weniger spektakulär, als seine Bekanntheit vermuten läßt, ist der von der Natur in den Stein gemeißelte »Indianerkopf«, *Sa Roca de S'Indio*; er wird von der Landstraße Es Mercadal–Maó aus auf der rechten Seite sichtbar, gleich hinter Es Mercadal (**H 3**).

PORT D'ADDAIA

(**K 2**) Fast wie ein Flußlauf schlängelt sich die Bucht tief ins Landesinnere und bietet so einem der wenigen Häfen an Menorcas Nordküste Schutz. Die Hänge des Geländeeinschnitts sind mit immergrünen Büschen bestanden, die Landschaft macht einen verschlafenen Eindruck. Doch von der malerischen Ruhe sollte man sich nicht täuschen lassen. Wenige Kilometer weiter östlich (bis zum Cap de Favàritx) wächst schwarzer Schiefer aus der Küste, die Wind und Meer in Jahrtausenden zu bizarren Formen geschliffen haben.

RESTAURANT

Cala Marina
Beste Wahl am Platze. Spanische Küche mit Fisch und Fleisch vom Grill, Spezialität *paella*; Terrasse mit Meerblick. *Cala Molí, 2, Tel. 908 63 82 99 (mobil), Kategorie 2*

SPORT

Centro de Buceo ULMO
Tauchzentrum mit eigenen Kursen, Tauchgängen für Erfahrene und Unterbringungsmöglichkeit; Flaschennachfüllung, Verleih von Tauchmaterial. Geöffnet April bis Nov. *Postanschrift: Apartado de Correos 569, Maó, Tel. 908 63 80 59 (mobil)*

Club Náutico d'Addaia
Gepflegter kleiner Sporthafen an der Ostseite der Cala Molí. 100 Liegeplätze, Wasser und Strom, keine Zapfsäulen. *Tel. 908 63 64 43 (mobil)*

AUSKUNFT

Rathaus in Es Castell

ZIELE IN DER UMGEBUNG

Arenal d'En Castell   (I 2)
Der Ort ist eine moderne, blühende Feriensiedlung; der Strand gehört überdies mit seinem feinen weißen Sand, einer Ausdehnung von rund 500 Metern und einer sanften Neigung ins oft glasklare Meer hinein zu den schönsten der Insel. Deshalb sei hier auch gleich auf ein Hotel hingewiesen. Das *Castell Playa Fiesta* ist ein echtes Familienhotel für Leute mit gehobenem Anspruch; zu den Leistungen gehören Sauna, Pool, Zimmer mit Meeresblick, Yacuzzi und ein kleiner Kinderspielplatz *(264 Zi., Platja d'En Castell, 1. Mai bis 15. Okt., Tel. 37 98 88, Fax 37 99 19, Kategorie 1–2).*

Arenal de Son Saura   (I 1)
Kleine Feriensiedlung mit normalerweise sauberem weißem Sandstrand, halbrund, ungefähr 100 Meter lang. Es gibt ein einfaches, aber zufriedenstellendes Restaurant. Sportfreunde finden Angebote für Wasserski, Surfen – nebst Surfbrettverleih – und Tauchen; ein Sporthafen ist geplant. Wer mehr die Stille sucht, gelangt über den meernahen Pfad (etwa 1,2 Kilometer) am linken Ende des Strandes zur nächsten kleinen Bucht, der *Cala Pudent*;

DIE TRAMUNTANA

meistens sind hier nur wenige Badende und einige Angler zu finden.

Cala Tortuga (K 2)
Badebucht mit Sandstrand, bei ruhigem Meer zum Baden gut geeignet.

Na Macaret (K 2)
Am selben Geländeeinschnitt wie Port d'Addaia liegt links die kleine Bucht *Cala Molí*, an deren Ausfahrt der Fischerhafen mit der aufblühenden Feriensiedlung Na Macaret. Einst Landungsort der britischen Truppen bei der dritten Eroberung der Insel, ist sie heute ein beliebter Ausgangspunkt für Hochseefischer. Der Strand ist windgeschützt, aber winzig.

Son Parc (I 2)
Eingebettet in Pinienhaine und eine auflebende Urbanisation der gehobenen Klasse liegt der erste und bisher einzige Golfplatz der Insel. Der einzige ist er deshalb geblieben, weil ein Konkurrenzprojekt in unmittelbarer Nähe des heutigen Naturparks Es Grau vor Jahren durch starke Proteste der Bevölkerung gestoppt werden konnte. Der kompakte 9-Loch-Platz, in Betrieb genommen 1977, bietet vor allem lange, schnelle Greens ohne große Schwierigkeiten auf einem leicht bewegten Gelände. Lediglich das 1. und das 9. Loch werden durch natürliche Geländeeinschnitte kompliziert. Die Erweiterung zur 18-Loch-Vollanlage ist geplant, dürfte jedoch davon abhängen, ob sich die Nachfrage und der Abverkauf an Wohnungen in der Feriensiedlung günstig entwickeln. Die Anlage ist ganzjährig geöffnet und bietet außer der Möglichkeit des Golfens auch Gelegenheit zum Tennis; ein Klubhaus mit Duschen, Bar und Restaurant gehört dazu. Der niedrigste *Green Fee* beträgt ungefähr 5000 Ptas, die halbe Übungsstunde mit kompetentem Trainer kostet etwa 3000 Ptas. Anfragen und Reservierung: *Urbanización Son Parc, Es Mercadal, Tel. 908 73 97 58 (mobil), Fax 35 17 48.*

Ein Geier als Symbolfigur

Hoch oben in den Lüften zieht er meistens einsam weite, gemächliche Kreise. Jetzt schaut der menorquinische Vogelfreund noch einmal genauer hin. Er sieht einen weißen Körper, doch handelt es sich ganz sicher nicht um eine Möwe, denn die Flügelkanten sind dunkel eingefärbt. Nun gerät der Ornithologe schon in leichte Verzückung, hat er doch einen der seltenen *alimoches* erspäht. Die kleinwüchsige Geierart *(Noephron Pernopterus)* lebt einzeln, als Paar oder in kleinen Gruppen hauptsächlich in ruhigen, menschenleeren Landstrichen und auf den Klippen des Nordens und tritt im Gegensatz zu nahen Verwandten keine winterlichen Migrationszüge an. Auf Menorca hat sich der Vogel allmählich zu einer Art Symbolgestalt aufgeschwungen, die Inselgeist und reine Natur verkörpert. Auf den anderen Baleareninseln gilt die Spezies bereits als ausgestorben.

MIGJORN UND DAS INSELZENTRUM

Die liebliche Inselseite

Die längsten Strände, die bekanntesten Buchten und die größten Hotels liegen im Inselsüden

Seine Hoheit Erzherzog Ludwig Salvator, ein intimer Kenner der Balearen und schon vor rund hundert Jahren von umweltfreundlichen Gedanken beseelt, beschrieb den Süden Menorcas als eher ungesunden Platz zum Leben. Besonders die *barrancs*, jene Sturzwassergräben, die der Regen in Jahrtausenden in das weiche Kalkgestein wusch, waren dem Habsburger suspekt. Bei Hitze will er dort »mephitische Lüfte« – will sagen: stinkende Ausdünstungen – ausgemacht haben, die dem »Wechselfieber Vorschub leisten«.

Die Ureinwohner der Insel sahen dies wahrscheinlich anders. Die Erde ist hier fruchtbarer, das Klima verträglicher als an der Nordküste. Gerade in und zwischen den großen *barrancs* im Südwesten Menorcas harrt eine Unzahl prähistorischer Spuren ihrer Erforschung. Bis zu 60 archäologisch ergiebige Stellen kommen hier auf jeden Quadratkilometer und machen die Insel zu einem der besonders dichten prähistorischen Ballungszentren

Traumbucht Cala Santa Galdana

Europas. Unter Fachleuten genießt Menorca den Ruf eines »gewaltigen Freilichtmuseums«.

Auch Menorca-Urlauber werden die kernigen Aussagen des Erzherzogs nicht unwidersprochen hinnehmen, liegen doch gerade hier einige der begehrtesten Ferienziele: die märchenhafte Cala Santa Galdana, die langen Strände bei Sant Tomás und Son Bou, die stille Badebucht Cala Trebalúger.

ALAIOR

(13-4) Schildbürgerliche Notizen aus der menorquinischen Provinz. So berichtet man unter anderem von einer Reise des Bürgermeisters zu einer Tagung ins ferne Galicien – und es gibt keinen Menorquiner, der über die Anekdote noch nicht geschmunzelt hätte –, bei der sich der Inselrepräsentant schon am Tag vor dem Kongreßbeginn im Hotel einfand. Dem Nachtportier übersetzte der Würdenträger seinen morgendlichen Weckwunsch von der heimatlichen Mundart ins beste Hochspanisch: »Y mañana me gritan a las siete, por favor« (gritar bedeutet auf menorquinisch »wecken, benachrichtigen«, auf spanisch »schreien, anschreien«), woraufhin ihm der Portier entsetzt entgegnete: »Mein Herr, bei uns werden Gäste grundsätzlich nicht angeschrien.« Weiter wird erzählt, der Bürgermeister habe die Tagungseröffnung verschlafen, die Veranstaltung aber ansonsten in vollen Zügen genossen.

Alaior (6200 Einwohner) steht auf Menorca auch als Synonym für Käse. Allein die Landwirtschaftsgenossenschaft Coinga, die den bekanntesten Menorcakäse unter dem Warenzeichen *Queso de Mahón* anbietet, vereint einen Bestand von rund 15 000 Milchkühen, die durch 170 glückliche Milchbauern betreut werden. Eine weitere bekannte Marke der Gegend ist *La Payesa*; die Milch fand bis vor wenigen Jahren auch bei *La Menorquina*, einer Speiseeismarke der gehobenen Klasse, die auf den ganzen Balearen beliebt ist, einen Abnehmer. Inzwischen ist das Unternehmen auf das spanische Festland übergesiedelt.

Neben Kühen, Käse und Kalauern hält sich in Alaior (sprich: aló) wacker eine Schuhmanufaktur, und Modeschmuck wird hier in Familienbetrieben gefertigt.

Ein kurzer Abstecher in die Ortsgeschichte. Gegründet 1304, macht der Ort bald als blühende Produktionsstätte von Baumwoll- und Wollstoffen von sich reden. Viele der älteren Gebäude stammen aus dem 17. Jahrhundert, so das Franziskanerkloster *Sant Diegu* (1623), in dessen ehemaligen Zellen heute einige Familien leben und werken, das Rathaus *(Ajuntament,* 1612) und die wuchtige Barockkirche *Santa Eulària.* Auf dem Weg zum Friedhof, am nördlichen Ortsausgang *(Camí del Cos)* in Richtung Fornells, wurden bis vor wenigen Jahren noch Pferderennen ausgetragen. Der schöne Brauch schlief ein.

EINKAUFEN

Markt ist *Do 9–13 Uhr (Avda. Huguet und C/. Comercio).*

Kunsthandwerklich gefertigte Puppen bietet *María Isabel de Salort* an *(Plaça Generalísimo, 1, Tel. 37 11 31).*

Ausgezeichnete Herrenschuhe klassischen Zuschnitts gibt es bei *Timoner (C/. Comercio, 3)* und, ebenfalls sehr elegant, in der Schuhmanufaktur *Gomila Melia S. A. (C/. Miguel de Cervantes, 46).*

Käse probieren und kaufen kann man bei *Coniga (C/. des Mer-*

Hier entsteht der weit über die Insel hinaus bekannte Menorcakäse

MIGJORN UND DAS INSELZENTRUM

MARCO POLO TIPS
FÜR MIGJORN UND DAS INSELZENTRUM

1 Cala Santa Galdana
Die Bilderbuch-Bucht schlechthin, eine grüne Oase, eingefaßt von dunkelgrauen Felsenklippen, ist durch die Bauwut gefährdet (Seite 69)

2 Basílica de Son Bou
Das architektonisch eindrucksvollste Beispiel der

frühchristlichen Basiliken Menorcas (Seite 66)

3 Torre d'En Gaumés
Aus drei *talaiots* und einem *taula*-Heiligtum entstand zu prähistorischer Zeit eine Stadt mit Schutzwällen, Zisternen und Vorratskammern (Seite 66)

---

cadal, 8, Tel. 37 12 17) oder bei *La Payesa (Pons Martín, C/. Maó, 64, Tel. 37 10 72).*

HOTELS

San Valentín
Luxus der Vier-Sterne-Klasse darf man in diesem knapp 1 Kilometer vom Strand entfernten Haus erwarten; die Preise sind entsprechend gehoben. Komfortable Ausstattung, Pool, Satelliten-TV. *214 Zi., Urbanización Torre Solí Nou, Tel. 37 27 48, Fax 37 23 75, Kategorie 1*

Sa Paysa
Modernes und doch gemütliches, sauberes Hotel; das Personal ist korrekt und freundlich im Umgang mit den Gästen. Wer seinen Urlaub an der Cala En Porter verbringen möchte, ist mit diesem Haus gut beraten. Ein Garten mit Pool und Sonnenterrasse entschädigt für die etwas meerferne Lage (ungefähr 500 Meter). *24 Zi., Cala En Porter, Avda. Central, Tel./Fax 37 73 89, April–Nov., Kategorie 2*

Sol Pingüinos
Mit knapp 300 Zimmern ist dieses Etablissement schon ein echter Schwergewichtler unter den Inselhotels. Auch hier bekennt sich die iberische Hotelgruppe zur Qualität – auf Kosten der Individualität. Das Haus bietet neben den Komfortmerkmalen eines Drei-Sterne-Hotels einen Garten mit Pool und Tennisplätzen. Wie oft bei großen Hotels ist ein Komplettangebot über einen Reiseveranstalter günstiger. *Platja de Son Bou, Tel. 37 10 75, Fax 37 12 26, Mai–Nov., Kategorie 2*

AUSKUNFT

Rathaus (Ajuntament), Tel. 37 10 02

ZIELE IN DER UMGEBUNG

Son Bou   (H 4)
Mit knapp 3 Kilometer Länge ist die *Platja de Son Bou* der längste Sandstrand Menorcas. Goldgelber, feiner Sand, ein sanfter Abgang ins Meer, Duschen und Toiletten machen ihn ideal für Familien mit Kindern. Die fin-

Von früher Besiedlung zeugt die Fundstätte Torre d'En Gaumés

den auch in der angeschlossenen *Urbanización San Jaime* einen Minispielpark mit Wasserrutschen.

Im 4. Jahrhundert lag am Ostrand des Strandes wahrscheinlich eine kleine Ortschaft (Luftaufnahmen enthüllen ein verwaschenes Straßenraster im Meer), von der heute nur noch die 1951 wiederentdeckten Reste der ★ *Basílica de Son Bou* zu sehen sind: die Basis von drei Säulenreihen, die den Hauptbau in zwei schmalere Schiffe und ein breites Schiff teilen, Grundmauern und ein großes steinernes Taufbecken. Die Basilika gibt am deutlichsten die architektonischen Merkmale der frühchristlichen Basiliken Menorcas wieder.

Torralba d'En Salort (I 4)

Nicht an der Hauptstraße, sondern an der kleineren Nebenstraße von Alaior nach Cala En Porter liegt diese *talaiot*-Siedlung, die bisher noch nicht restauriert wurde und in ziemlich schlechtem Zustand ist. Paradoxerweise kontrastiert hierzu das Heiligtum *Sa Taula de Torralba*, das zu den am besten erhaltenen der Insel gehört. Im Umfeld des Megalithkreises wurden Tierknochen und eine kleine Bronzestatue gefunden, die einen Stier symbolisiert.

Torre d'En Gaumés (H 4)

★ Eines der besonders ausgedehnten archäologischen Fundgebiete der Balearen liegt auf Höhe von km 2,5 an der Landstraße Alaior–Son Bou. Drei *talaiots* und ein *taula*-Heiligtum müssen sich um 1400 v. Chr. zu einer regelrechten Stadt zusammengeschlossen haben, mit deutlich sichtbaren Resten von Räumen, Schutzwällen, Zisternen, Höhlen und Vorratskammern. Herausragend sind die Grabkammer (der älteste Teil der Anlage), heute unter dem Namen *Ses Roques Llises* bekannt, und eine steinblockgedeckte Halle, *Sa Camera de sa Garita*, die wahrscheinlich als Vorrats- oder Versammlungsraum diente.

MIGJORN UND DAS INSELZENTRUM

FERRERÍES

(**D–E 3-4**) Rostrote Felsen, rotbraune Felder und ein neuer, landstraßennaher Ortsteil, der beileibe keine Schönheit ist: Ferreríes (3500 Einwohner) wirkt auf den ersten Blick eher abweisend. Doch ein atmosphärischer Altstadtteil im hochgelegenen Bereich der Ortschaft macht den ersten, negativen Eindruck wieder wett. Besonders die Carrer de Sa Font zeigt Winkel mit antikem Charme.

Der Name des Orts läßt an Eisen und frühe Eisenverarbeitung (lateinisch *ferrum*, Eisen) denken. Zu einiger Bedeutung gelangte die Siedlung jedoch erst durch den Verbindungsweg Maó–Ciutadella, den der respektierte englische Inselgouverneur Richard Kane anlegen ließ und der Ferreríes aktiv in das Handelsnetz der Insel einband. Und noch einmal kamen europäische Institutionen dem Ort vor wenigen Jahren zu Hilfe: Die Produkte des Landstrichs und der Markt werden mit EG-Unterstützung gefördert.

EINKAUFEN

Es Mercat, der Wochenmarkt von Ferreríes *(Sa im Sommer 8–12, im Winter 9–13 Uhr, Plaça Espanya)*, hat an Reiz und Aufmerksamkeit gewonnen, seit sich auch die EG für eine Intensivierung der Aktivitäten im ländlichen Bereich einsetzt. Angeboten werden nicht nur frisches Obst, Gemüse, Fleisch, Fisch und eine Auswahl inseltypischer Spezialitäten, sondern auch Kunsthandwerkliches.

In einer der Bäckereien in der Altstadt sollte man unbedingt die ortstypischen *bunyols de fromatge* probieren, in Öl gebackene Hefeteilchen mit Käsefüllung.

Hort de Sant Patrici

In diesem Landgut in der Hügelkette nördlich der Ortschaft darf gekostet werden. Zum Probieren und zum Kaufen gibt es Käse, Wurstwaren, Wein und Obst aus eigener Produktion. Teile des Landguts sind zur Besichtigung freigegeben; von 10 bis 13 Uhr kann man bisweilen auch bei der Zubereitung landwirtschaftlicher Produkte zusehen. *Camí Ruma, Tel. 37 37 02, Verkauf 10–14 und 17–20 Uhr*

ÜBERNACHTEN

An der Landstraße *Ferreríes–Cala Santa Galdana (km 4)* liegt der einzige offizielle Campingplatz der Insel, *S'Atalaia (Tel. 37 42 32)*. Neben einem eigenen Schwimmbecken bietet er eine gute Gesamtausstattung, Duschen und einen kleinen Supermarkt. Entfernung zum Meer etwa 3 Kilometer. Der Platz sei allen Campern deshalb besonders ans Herz gelegt, weil sich in den letzten Jahren die Fronten zwischen Grundbesitzern und »wilden Campern« zunehmend verhärtet haben.

Auf derselben Landstraße (rechts abbiegen) kommt man zu einer der drei Landpensionen Menorcas: *Son Triay Nou (4 Zi., Tel. 15 50 78)*; hier kann man Ferien auf dem Bauernhof machen; ein kleines Schwimmbecken und ein Tennisplatz sind vorhanden.

AM ABEND

Darbietungen bester spanischer Reitschule offeriert der *Club Es-*

cola Menorquina im Sommer zweimal pro Woche *(Mi und So ab 20.30 Uhr)*. Platzreservierung und Information: *Tel. 15 05 59.*

AUSKUNFT

Rathaus (Ajuntament), Tel. 37 30 03

ZIELE IN DER UMGEBUNG

Cala Mitjana (D 5)

Die Bucht ist per Fußweg über die Klippen zu erreichen (etwa 1 Kilometer) oder mit dem Fahrzeug (etwa 1,5 Kilometer vor Santa Galdana links). Den Weg lohnt ein 100 Meter langes Strandhalbrund mit feinem weißem Sand und anschließendem Pinienhain. Wer dem Weg weiter in östlicher Richtung folgt, gelangt an die stille, schöne *Cala Trebalúger* (ungefähr 30 Minuten teilweise beschwerlicher Fußmarsch von Santa Galdana aus). Leider ist die Zufahrt zu der Bucht durch die Grundbesitzer geschlossen worden; den Zugang von der Meerseite aus (das schließt auch einen 100 Meter breiten Küstenstreifen ein) kann hingegen keiner verwehren, auch nicht der Eigentümer.

Eine ganze Reihe von Höhlen, prähistorischen Fundstellen und auch die Wurzeln vieler Sagen und Legenden der Insel liegen im Verlauf der Sturzwassergräben, die später in die Cala Trebalúger münden. In diesen *barrancs*, die sich in Jahrtausenden bis zu 50 Meter tief in den Kalkstein gegraben haben, bildeten sich, geschützt vor den rauhen *tramuntana*-Winden, die »Gärten Menorcas« mit ihrem eigenen, milden Mikroklima. Ohne kundige Führung findet man jedoch schwerlich den Zugang zu ihnen; immer mehr Grundbesitzer verwehren außerdem den Durchgang.

Etwa auf halbem Weg zwischen Cala Santa Galdana und Cala Sant Tomás liegen zwei weitere zumeist einsame – weil schwer zugängliche – Buchten: die *Cala Fustam*, ein kleiner Strand mit pinienbestandenem

---

Wie aus Steinen Mauern wurden

Romantische Naturen reduzieren Menorca gern auf »Wind und Stein«. Tatsächlich sind beide Elemente auf Menorca eng miteinander verbunden. Der Stein, auf den Feldern sowieso nur hinderlich, dient nämlich vor allem dem Windschutz für die bestellten Flächen. Die aufgeschichteten Steinwälle sind auf Menorca im Schnitt fast doppelt so hoch wie auf den anderen Balearen-inseln, wo es mehr auf die Eingrenzung des Grundes ankommt. *Parets seques*, trockene Wälle, nennt man die typischen Steinmauern deswegen, weil bei der Errichtung kein Mörtel verwendet wird. Bisweilen findet man überstehende Steine, die als Trittstufen zur Überquerung der Mauern dienen. Nachdem der Beruf der *pedrers*, der Mauerbauer, auf den Balearen fast schon ausgestorben war, lehren seit 1988 verschiedene Schulen wieder den Umgang mit dem Stein. Ein Meter *paret seca* kostet heute ungefähr 50 000 bis 80 000 Ptas.

MIGJORN UND DAS INSELZENTRUM

Hinterland und einer geräumigen Höhle am linken Strandende, und die *Cala Escorxada*; beide sind nur über einen schwierigen Weg an der Küste entlang zu erreichen, da die Wege landeinwärts über Privatgelände führen, mithin der Allgemeinheit verwehrt bleiben.

Cala Santa Galdana   (D 4)

★ In dieser Bucht verbringt der Engländer seinen Individual-Traumurlaub. Der grünen Oase, eingefaßt von dunkelgrauen Küstenfelsen, konnte man ursprünglich nur mit Attributen wie »malerisch« oder »paradiesisch« gerecht werden. Heute ist man indes dabei, ihre Reize unter Hohlblocksteinen zu begraben; immer weiter frißt sich die *Urbanización Santa Galdana* mit neuen Apartments, Ferienwohnungen, Restaurants und Supermärkten vor allem in den westlichen Ausläufer der Bucht hinein.

Bei der Anfahrt, auf der Höhe des ersten Hotels (links abzweigen), gewinnt man einen 🌼 guten Überblick. Der Strand ist an die 500 Meter lang, goldgelb, feinsandig – ideal für einen Familienaufenthalt. Nur bei den seltenen Südwinden rauht die See innerhalb der Bucht auf.

Das Restaurant *Grill Los Pinos (Kategorie 2),* mit einem breiten Angebot an Grillfleisch und Fisch, zubereitet im Ofen, angenehme Terrasse, wird nur wegen seiner großartigen Lage auf der vorgelagerten Halbinsel erwähnt.

Unter den zahlreichen Hotels der Cala Santa Galdana wählt man am besten und am günstigsten – wie fast überall an der Küste – zu Hause in den Katalogen

der großen Reiseveranstalter aus. Hier wenigstens ein Tip. Wer einen Urlaub mit der ganzen Familie verbringen möchte, wird in der Bungalow-Apartment-Siedlung *Cala Galdana* (drei Sterne, angeschlossen ist auch ein Hotel) fündig. Keine 150 Meter vom Wasser entfernt, bietet sie einen schön angelegten Garten, Pool, ein Fitneßcenter mit Yacuzzi, Sauna, Fitneßraum und Sonnenwiesen – die Architektur spielt dabei eine eher untergeordnete Rolle *(57 Apartments, 204 Zi. im Hotel, Cala Santa Galdana, ohne Nummer, Tel. 37 30 00, Fax 37 30 26, April–Nov., Hotel und Apartment-Siedlung Kategorie 2).*

Wer das abgelegene, ländliche Menorca sucht, stößt in der Nähe von Santa Galdana auf ein Angebot des sogenannten *agroturisme,* auf gut deutsch »Ferien auf dem Bauernhof«. In hinreißender Lage zwischen den *barrancs,* umgeben von Wald und nur wenige Kilometer von der Küste entfernt, thront das Anwesen *Binisaid,* eins der frühen »alternativen« Ferienangebote Menorcas *(Ctra. Ferreríes–Cala Santa Galdana, Information Tel. 35 23 03 und 36 22 99).*

Auf Wassersport für die ganze Familie ist die *Esquela Náutica Cala Santa Galdana (am Strand, Tel. 15 51 68, Mai–Okt.)* eingestellt. Hier lernt unter kundiger Leitung auch der Nachwuchs Wasserski und Windsurfing, werden Segelkurse mit der kleinen Jolle veranstaltet, wird der »Skibus«, eine Art überdimensionaler Brühwurst, prall aufgeblasen und mit Griffen zum Festhalten vor das Motorboot gespannt. Boots- und Surfbrettverleih vervollständigt das Angebot.

ES MIGJORN GRAN

(**E 4**) Der Ort ist relativ jung. 1769 wurde er während der zweiten britischen Besetzung erneut gegründet. Seither hat sich nur wenig verändert, etwa der Name der Ortschaft, die früher San Cristóbal hieß. Ein paar durchweg einstöckige Häuser ducken sich rund um eine einfache Kirche (Baubeginn 1771) im Ortskern mit kleinen, ruhigen Sträßchen. Im gleichmäßigen Verlauf der Jahrhunderte ragte lediglich eine Persönlichkeit des Ortes heraus: Francesc Camps, von Beruf Arzt. Er fand seine Berufung in Archäologie und Heimatkunde, hielt Lieder und Legenden der Insel in Schriftform fest, erforschte alte Traditionen und Bräuche und verhalf so besonders Menorcas junger Generation dazu, jene Wurzeln zu festigen, die nötig sind, um Jahr für Jahr einem Ansturm von knapp einer Million Feriengästen aus fremden Kulturkreisen standzuhalten. Wohnort und Bibliothek des Heimatkundlers können zur Zeit leider nicht besichtigt werden.

RESTAURANTS

S'Engolidor
Traditionelle, teilweise deftige Menorca-Küche zu vernünftigen Preisen. Hier kann man beispielsweise Schweinerippchen nach Menorquiner Art oder Stachelrochen mit Kapern kosten. Im Sommer wird auch auf der Terrasse serviert. *C/. Major, 3, Tel. 37 01 93, Kategorie 3*

Ca'na Pilar
Ebenfalls ein guter Tip für den Sommer. Der *patio* bietet nicht nur rustikale Atmosphäre, sondern auch menorquinische Hausmannskost mit leichten Zugeständnissen an internationale Geschmäcker. *Ctra. Es Migjorn Gran–Es Mercadal, am Ortsausgang, Kategorie 3–2*

ÜBERNACHTEN

Wer sich entschließt, im Ort zu bleiben, kann im obengenannten Restaurant *S'Engolidor* nach einem Zimmer fragen (insgesamt 4 stehen zur Verfügung); das Quartier ist einfach, aber angenehm, bei Neigung auch mit Familienanschluß.

AUSKUNFT

Rathaus (Ajuntament), Tel. 37 00 75

ZIELE IN DER UMGEBUNG

Cova d'es Coloms   (**E 5**)
Die Einheimischen nennen die Höhle wegen ihrer üppigen Dimensionen »die Kathedrale«. Mit 24 Meter Höhe, 11 Meter Tiefe und 16 Meter Breite zählt sie zu den besonders beeindruckenden unterirdischen Denkmälern Menorcas. Laut neueren Untersuchungen wurde sie schon in vorchristlicher Zeit als Kultstätte genutzt. Alter (Aber-)Glaube der Menorquiner ist es, daß Paare, die gemeinsam die Höhle betreten, sich in kurzer Zeit trennen würden; Personen, die sich hingegen unabhängig voneinander in der Höhle treffen, würden durch die Kraft des Schicksals vereint.

Am Weg von Es Migjorn Gran hinunter zum Strand Sant Tomás liegen drei archäologische Fundstellen. Der *Talaiot de Binicodrell* in

MIGJORN UND DAS INSELZENTRUM

der Nähe der Ortschaft wurde bisher nicht freigelegt; eine Restaurierung ist geplant. Die prähistorische Siedlung *Sant Agustí Vell* ist bekannt für einen großen, balkengedeckten Steinbau, der frühere Archäologengenerationen zu dem heute überholten Schluß führte, daß auch die *taules* lediglich zentrale Stützpfeiler einer deckenden Balkenkonstruktion seien. Die dritte Siedlung, *Santa Mónica*, ist deshalb interessant, weil hier eine Reihe von *navetas* (Vorläufer der *talaiots*) zu einer Ansiedlung zusammengeschlossen wurden, die offensichtlich nicht als Begräbnis-, sondern als Wohnstätte diente.

Platja Sant Tomás   (E 5)
Über die Landstraße von Es Migjorn Gran zum Meer kommt man gleich an drei Strände, die lediglich durch schmale Felszungen voneinander getrennt sind: *Binigaus* im Westen, *Sant Adeodat* und *Sant Tomás* im Osten. Die beiden letztgenannten sind belebter, verstärkt an der Platja Sant Tomás durch Hotels und eine Feriensiedlung. Direkt oberhalb des Strandes Sant Adeodat findet man eine kleine Strandbar, die auch einfache Mahlzeiten bereitet. Der phantastische Meerblick rundet in den frühen Abendstunden einen Imbiß ab. Die typischen Qualitäten der Sol-Hotelkette findet man auch im *Sol Cóndores* am Strand von Sant Tomás: saubere, moderne und komfortable Unterkünfte, umgeben von einer üppigen Gartenanlage und gleich am Meer *(drei Sterne, 188 Zi., Platja Sant Tomás, Tel. 37 00 50, Fax 37 03 48, April–Nov., Kategorie 2)*.

Binigaus, den ruhigeren Strand, erreicht man über einen Fußpfad direkt am Meer (etwa 1,2 Kilometer) oder mit dem Auto über einen schlecht befestigten Weg, der etwa 2 Kilometer hinter Es Migjorn Gran links abzweigt. Der feine hellgraue Sand lohnt vor allem in der Hauptsaison den Weg, wenn die beiden anderen Strände überfüllt sind.

Abenteuer-Ausflüge für junge Leute

Einen ganzen Rucksack abenteuerlicher Ausflüge für junge Leute und Junggebliebene bietet neuerdings das Menorca-Führer-Kollektiv VIU Menorca an. Auf dem Programm der bemerkenswerten Initiative stehen Exkursionen mit dem Fahrrad, zu Fuß, auf dem Pferde- oder Ponyrücken, mit und ohne Rucksack, Touren mit dem Geländewagen sowie Segelturns. Alle Ausflüge sind nicht nur streng umweltschonend, worauf extra hingewiesen wird, sondern unterliegen auch den Richtlinien der Unesco zum Schutz der Biosphäre und werden ausschließlich durch geschultes, qualifiziertes Personal durchgeführt. Auf Anfrage können auch spezielle Ausflüge zusammengestellt werden, zum Beispiel solche für Ornithologen oder Wanderungen auf bestimmten Inselpfaden. Informationen in spanischer und englischer Sprache: Tel. 38 37 08 oder direkt bei *VIU Menorca, C/. Ramón Llull, 9, Ciutadella, 11–13 Uhr.*

CIUTADELLA UND DIE WESTSPITZE

Menorcas mediterrane Seele

Weiche Sand- und Ockertöne, wettergefurchte Fassaden, gepflasterte Gassen, pastellfarbene Altstadtpaläste

In Ciutadella ist die Welt noch in Ordnung. Nicht etwa weil, wie man auf den ersten Blick meinen möchte, sich die Zeit irgendwo auf dem Weg vom späten Mittelalter ins Jetzt verloren hätte, sondern im Gegenteil, weil sich hinter den friedlichen alten Fassaden der Häuser und Paläste eine intakte, gut organisierte Gesellschaft verbirgt. Arbeitslosigkeit spielt kaum eine Rolle, viele Bewohner sind in Lederhandwerk, Handel und Tourismus tätig, die Verbrechensrate ist beneidenswert gering, die Lebensqualität soll zur Spanienspitze zählen.

Woll- und Lederexporte und ein lebhafter Handel müssen auch schon im Mittelalter eine wichtige Rolle für die Stadt gespielt und die Fundamente für das »traditionelle und herrschaftliche« Ciutadella gelegt haben, das Inselchronisten stets mit einer gehörigen Dosis Respekt beschrieben. Bis ins 18. Jahrhundert konnte sich Ciutadella als Inselmetropole behaupten. Der Bischof blieb dem »Historischen Nationaldenkmal«, zu dem kur-

Plaça d'es Born in Ciutadella

zerhand die gesamte Innenstadt erklärt wurde, bis heute treu.

Neu sind dagegen die großen Urlaubsgebiete rundum, so im Westen das hauptsächlich von Engländern besuchte Cala En Forcat, im Norden Cala Morell, bekannt als Luxus-Ferienhaussiedlung, und im Süden die ständig wachsenden Orte Cala Blanca und Son Xoriguer.

CALA BLANCA

(**B 4**) Der Name bezeichnet zum einen die Feriensiedlung – ohne besondere Auffälligkeiten gegenüber vergleichbaren Orten der Insel – und zum anderen die am Südrand der Urbanisation gelegene Bucht. Diese verdankt ihren Namen (»Weiße Bucht«) dem strahlendhellen Sand, der im Hintergrund vom Grün eines kleinen Pinienhains eingerahmt wird. Links und rechts des Strandes sind die Küstenfelsen mit Restaurants und Bars besetzt, die sich weniger durch erlesene Mahlzeiten als durch ihre hervorragende Lage hervortun. Der Ausblick auf romantische Sonnenuntergänge ist hier für die Mehrzahl der Menorca-Abende garantiert. Für Kinder gibt es eine Wasserrutsche im Ort. Unweit der Bucht sollte die *Cova de Parella*, bekannt für ihren Reichtum an Tropfsteinen und einen kleinen, unterirdischen See, durch ein englisches Unternehmen für den Fremdenverkehr nutzbar gemacht werden. Zum Glück scheint das Projekt zur Zeit jedoch nicht weiter verfolgt zu werden.

AUSKUNFT

Fremdenverkehrsbüro in Ciutadella

ZIELE IN DER UMGEBUNG

Cala En Bosc (B 5)
Von der Kap-Siedlung Cap d'Artrutx aus gelangt man ins nächste Ferienparadies, die Cala En Bosc. Auch hier wird architektonische Durchschnittskost geboten, mehr dem Nutzen als der Ästhetik folgend, mit vorgelagertem Strand, feinem weißem Sand, oft klarem Meerwasser. Die gesamte Bucht zwischen Cap d'Artrutx und Son Xoriguer fährt der *Minitren* ab, ein Bähnchen auf Gummireifen mit drei bis vier Waggons.

Boote und Yachten vermietet *CSS (Tel. 35 01 74)*; das Unternehmen führt während der Sommermonate auch Segelkurse und Ausbildungen zu den verschiedenen Segelscheinen durch. Informationen ebenfalls unter *Tel. 908 63 66 29 (mobil).*

Cala Parejals (B 5)
Hierher kommen vor allem Sonntagsangler aus Ciutadella zum Fischen, und Taucher erfreuen sich an der abwechslungsreichen Unterwasserwelt. Der Zugang erfolgt über einen Küstenpfad von der *Platja de Son Xoriguer* aus.

Cala Santandría (B 4)
Ein Pionierzentrum der auf Menorca noch relativ jungen Touris-

---

MARCO POLO TIPS FÜR CIUTADELLA UND DIE WESTSPITZE

1 Ciutadella
Von allen Orten der Insel sicher der schönste: gewachsen, alt und herrschaftlich, dabei sauber und zu Entdeckungsgängen einladend (Seite 76)

2 Cala En Turqueta
Inbegriff der Traumbucht: sanft abfallender Sandstrand, schattenspendende Pinien, gerundete Küstenfelsen (Seite 84)

3 Cala Macarella
Kristallklares, türkisfarbenes Wasser, eingefaßt in einen Ring aus grauem, bewachsenem Kalkstein – Menorcas Vision vom Paradies (Seite 84)

4 Nau d'es Tudons
Vor 3400 Jahren aus mächtigen Sandsteinquadern zusammengefügt: das älteste bekannte Bauwerk Europas (Seite 84)

CIUTADELLA UND DIE WESTSPITZE

musindustrie. Viel nackter Fels, viele Bauwerke, Hotels, Bars, Villen, Restaurants – und wenig Grün. Der Strand ist weiß und eher grobkörnig. Den Eingang der Bucht bewacht ein alter britischer Wehrturm aus dem 18. Jahrhundert. Interessant ist vor allem jene Höhle/Wohnung/Werkstatt, die Bildhauer und Ortsoriginal Nicolau Cabrisas in vielen Jahren in seine persönliche Vision der Realität umwandelte; die Wände der Behausung sind mit Masken, Gesichtern und Figuren übersät.

Ein freundliches kleines Hotel mit familiärer Atmosphäre, das zudem den Vorteil hat, gleich am Strand zu liegen, ist das *Poseidón (13 Zi., Tel. 38 26 44, Fax 48 27 04, Kategorie 2)*. Ebenfalls in unmittelbarer Meeresnähe befindet sich das Restaurant *Sa Nacra*, das neben internationaler Küche als Spezialität *paella* bietet *(Urbanización Sa Caleta, nahe Hotel Price, Tel. 38 62 06, Mai bis Okt., Kategorie 2)*; es ist in einer natürlichen Höhle untergebracht.

CALA MORELL

(**C 2**) Die Siedlungen *Son Morell* und *Marina* sind zu einem der ganz großen Feriengebiete im Norden Menorcas zusammengewachsen. Besonders im Herbst und im Frühling, wenn kaum ein Bewohner die Urbanisation lebendig werden läßt, wirken die weißen Häuser an den Hängen der wetterzerfressenen, rotbraunen Felsen der Bucht *Cala Morell* deplaziert. Die Architektur der Anlage erinnert an Ibiza, mit einigen für Menorca typischen Details, etwa den phantasievoll

installierten Wasserabläufen, die das eher strenge Bild vieler Häuserwände auflockern.

Auf halber Höhe zwischen Himmel und Meer nutzten schon vor Jahrtausenden die Ureinwohner Menorcas einen kleinen Seitenarm der Cala, um in dem weichen Kalkstein eine Siedlung anzulegen. Die knapp 20 Höhlen, angelegt um 900 v. Chr., einige mit zentraler Stützsäule und Nischen, sind von der Straße aus frei zugänglich. Kalkstein oben, rostroter Sandstein unten – hier beginnt jene gedachte Linie, mit der Geologen die weit ältere Tramuntana, den Insel-Norden, vom Migjorn, dem Insel-Süden, trennen. Die Linie verläuft zwischen Cala Morell und Maó. Der kleine, steinige Strand lohnt den Besuch nicht unbedingt.

ÜBERNACHTEN

Biniatram
Ein Angebot des *agroturisme*, sprich: »Ferien auf dem Bauernhof«. Schwimmbecken vorhanden. *4 Zi., Camino de Algaiarens, vor Son Morell rechts abbiegen, km 1, Tel. 38 31 13*

AUSKUNFT

Fremdenverkehrsbüro in Ciutadella

ZIELE IN DER UMGEBUNG

Cala Algaiarens (**C 2**)
Innerhalb eines gewaltigen Großgrundbesitzes liegen diese zwei stillen, malerischen Buchten, die seit 1992 nichtsdestoweniger für Schlagzeilen sorgen. Denn der Besitzer, Ricardo Squella, war einer der ersten, die

für den Zugang zum Strand einen Wegzoll erhoben, »um das Gebiet nach Saisonende säubern sowie einen Parkplatz einrichten und unterhalten zu können«, wie es hieß. Proteste der Bevölkerung, die das heutige Naturschutzgebiet seit alters nicht nur zum Baden, sondern auch zum Campen nutzte, ließen nicht lange auf sich warten. Später ließ Squella Einwohner von Ciutadella, wo er den Palacio Squella besitzt, passieren und wies andere ab. Der Strand selbst ist durch eine Felsnase zweigeteilt. Der östliche Strandabschnitt grenzt an eine kleine Süßwasserlagune, Überbleibsel winterlicher Regenfälle, die durch den Sturzwassergraben *La Vall* ablaufen und hier ins Meer münden.

Cala Ses Fontanelles (C 2)

Nicht so sanft wie der Strand der Cala Algaiarens, wird die Cala Ses Fontanelles im Sommer vor allem von Schiffseignern genutzt, die vor den Felsen vor Anker gehen. Die Landanfahrt zweigt etwa 1 Kilometer vor der Zufahrt zur Cala Algaiarens links ab.

CIUTADELLA

(B 3) ★ Obwohl mit 21 000 Einwohnern nur wenig kleiner als Maó, legt Ciutadella einen gemächlicheren Lebensrhythmus an den Tag. Die Menschen scheinen hier mehr Zeit zu haben als am geschäftigen Ostpol der Insel. Der Alltag ist gleichmäßiger, vielleicht auch etwas menschlicher. Hier wagt der Barbier noch, sich mit Klappstühlchen und Strandsandalen ein bißchen in die sinkende Sonne vor dem Laden zu wärmen, wenn ihm nachmittags

die Bärte ausgehen, hier grüßt man oft auch noch den Ortsfremden mit einem kurzen Kopfnicken, und hier haben sich auch die Älteren noch eine Menge zu sagen, bei dichtem Zigarrenqualm und einer angeregten *tertulia* im *Cercle Artístic* oder im Schatten des Obelisken, der wie ein mahnender Finger über der Plaça d'es Born an die fast völlige Zerstörung der Stadt durch türkische Piraten erinnert. Weit über vierhundert Jahre ist jener blutige Überfall jetzt her. 3000 Menschen wurden damals versklavt, die Stadt so nachhaltig geplündert und geschleift, daß man von Null wieder anfangen und aufbauen mußte.

STADTRUNDGANG

Der Schatten des an das *Any de sa Desgràcia*, das »Jahr des Unheils«, erinnernden Obelisken auf der *Plaça d'es Born* zeigt morgens auf das *Rathaus (Ajuntament)*, einst eine arabische Festung, dann Burg von König Alfons III., der Stadt und Insel von den Mauren befreite, später Residenz einer Reihe von Inselgouverneuren. Der heutige Bau stammt aus dem 19. Jahrhundert und dient dem Stadtrat. Alljährlich wird hier am 9. Juli die »Schreckensakte« geöffnet und verlesen. Sie berichtet von den 15 000 »Ungläubigen«, die 1558 die Stadt belagerten. Sie erzählt auch von den Noblen und von den Helden Ciutadellas, die sieben blutige Tage lang der Übermacht trotzten. Rechts neben dem Rathaus überragt eine ☀ *Aussichtsplattform (Mirador)* die Stadtmauer und gewährt eine umfassende Panoramasicht auf den Hafen.

CIUTADELLA UND DIE WESTSPITZE

Die Kathedrale von Ciutadella

Nachmittags zählt der Schatten des Obelisken die Fassaden der Ostflanke der Plaça d'es Born ab. Eine Reihe von Cafés, Andenkenläden und Restaurants findet man in den unteren Etagen der Paläste *Palau Torresaura, Palau Vivó* und *Palau Salort*, alle in *marés* gehalten, jenem atmungsaktiven, goldbraunen Sandstein, der in früheren Jahrhunderten die Klimaanlage ersetzte. Einzig der Palau Salort kann besucht und teilweise besichtigt werden. Die Fassade des benachbarten Palau Vivó weist starke englische Einflüsse auf.

Nach Norden begrenzen den Platz der 1881 gegründete und Anfang der 90er Jahre vollständig renovierte *Cercle Artístic* und das *Teatre Municipal d'es Born*, das *Stadttheater*, ebenfalls neu ausgebaut. In diesem »Kunstzirkel« ist Kunst zwar meistens kein Thema, zur Tagespolitik und zu Stadtskandälchen nimmt man jedoch gern und bisweilen lautstark Stellung. Nebenan, im Theater, werden Filme vorgeführt, spielt man Theater und gibt es gelegentlich eine musikalische Veranstaltung. Gegenüber findet man das Hauptpostamt, etliche Bars und die Klosterkapelle *Sant Francesc*, errichtet an der Stelle eines älteren, von den Piraten zerstörten Gotteshauses (fertiggestellt 1627).

Über die *Carrer Major d'es Born* gelangt man zur *Kathedrale* an der *Plaça de la Catedral*. Ihren wuchtigen, kantigen Auftritt verdankt sie nicht zuletzt einer Versteifung des Bauwerks, nachdem ein Teil der Kuppel 1628 eingestürzt war. 1795 wurde der Neubau durch ein päpstliches Edikt zur Kathedrale Menorcas erklärt – was heftige Kritik aus Maó hervorrief. Der heutige Glockenturm geht auf das Minarett einer Moschee zurück, die bis ins 13. Jahrhundert den Platz beherrschte *(Besichtigung tgl. 9–13 und 18–21 Uhr)*. Eine Unzahl von Anekdoten und Legenden ranken sich um das Gotteshaus. So wird erzählt, zur Zeit des Neubaus habe man die Fensterstöcke verhängen müssen, weil Hunderte von Vögeln beim Gebet des Priesters in die Kirche eingedrungen seien. Auch wurde die Kathedrale im Lauf ihrer Geschichte zum Zufluchtsort vieler Menschen, die bei den jeweiligen Inselgouverneuren in Ungnade gefallen waren.

Der *Palau Olivar* blickt auf die Stirnseite der Kathedrale. Auf der Höhe des Palastes begann früher die *Judería*, das Judenviertel der Stadt *(Carrer Palau, Carrer Sant Jeroni* und *Carrer Sant Francesc)*, mit einer Reihe schlichterer Bürgerhäuser.

Gegenüber dem rechten Seiteneingang der Kathedrale *(Porta de la Llum*, Lichttor) zweigt die *Carrer del Roser* nach Süden ab.

Nach fünfzig Schritten stößt man auf die schmale Fassade der *Esglèsia del Roser* (Baubeginn 12. Jahrhundert), die heute nur für musikalische Darbietungen und Ausstellungen geöffnet wird (Auskunft bei der Tourismusinformation an der Plaça de la Catedral). Am Ende der Gasse liegt der Palast einer der einflußreichen Familien der Insel, der *Palau Saura* (17. Jahrhundert); er zählt zu den prächtigsten der Stadt. Links, über die *Carrer Santíssim*, kommt der *Palau Martorell* (17. Jahrhundert) in Sicht. *Cas Duc*, »Haus des Herzogs«, nennen die Menorquiner schlicht den Altstadtpalast, an den sich ein schöner, leider nicht öffentlicher Garten anschließt. Nach der ruhigen *Carrer del Portal d'Artrutx* und der *Carrer del Castell de Rupit* wird es spätestens am *Mercat*, der Markthalle, wieder lebendig. In dem weiß und dunkelgrün gekachelten Bau nimmt je eine Zunft je eine Seite ein. Die Metzger sehen hinüber auf die andere Seite der *Carrer de la Palma* mit einer Reihe von Gemüseständen und den traditionellen Marktbars. In der *Carrer del Socors* werden Stimmen laut. Bisweilen hört man musikalische Fragmente durch die starken Mauern der *Esglèsia del Socors* dringen. Das Augustinerkloster wurde 1648 gegründet und im 20. Jahrhundert umgebaut, um als Ausbildungsstätte von Nachwuchsmusikern zu dienen *(Capella Davídica)*. Der international bekannte Bariton Joan Pons ging aus ihr hervor.

Rechts trifft man noch einmal auf den Familiennamen Saura,

Zu Ciutadellas gemächlichem Lebensrhythmus gehört der ruhige Hafen

CIUTADELLA UND DIE WESTSPITZE

und zwar an einem Palast mit schlichterer Fassade, der im 18. Jahrhundert erbaut, dann zerstört und schließlich mit Hilfe der Engländer wiedererrichtet wurde. Ein paar Schritte weiter begleitet die *Capella del Sant Crist* (Baubeginn 1667) auf dem Weg zurück zur zentralen Fußgängerzone. Der kleine Kuppelbau war vor allem den Schafscherern teuer, die den Hafen von Ciutadella im Mittelalter mit einem seiner wichtigsten Exportprodukte, der Wolle, versorgten.

Ses Voltes, das sind in diesem Fall die Arkadengänge, welche die *Carrer Josep M. Quadrado* auf beiden Seiten begleiten. Hier wird Ciutadella wieder kommerziell. Geschäfte, Bäckereien, Schuhe, Bücher, ein Frisör – Einzelhandel und Kleingewerbe blühen im Schatten der Bogen, von denen keiner einem zweiten gleichen soll. Die Bars an der abschließenden *Plaça Nova* sind meistens gut gefüllt. Hauptsächlich Stadtneulinge genießen die Rast bei einem schnellen Glas Cola oder Limonade. Geradeaus geht es jetzt zur *Plaça Alfons III* oder *Plaça de Ses Palmeres*, wie die Städter sagen, und von da aus über den *Camí de Maó* inselüberspannend bis zur Ostküste.

In Richtung Westen zeigt die *Carrer Sant Antoni*, später *Carrer Sant Josep*. Hier findet man einige ◆ Restaurants und Cafeterias, die vorwiegend von Einheimischen besucht werden. Rechts stößt man am Ende der *Carrer Santa Clara* auf einen weiteren Palast, den des Barons von Lluriach *(Castell Lluriach)*, des ersten Adligen Menorcas, eingesetzt durch Karl II. nach der Schlacht gegen die arabischen Besatzer an Spaniens Südküste. Noch weiter nördlich liegt links die *Bastió de Sa Font* mit dem Rest des einstigen Schutzwalls, der bis 1869 Ciutadellas Altstadt umgab; rechts beginnt die Ringstraße, die den Weg jener Stadtmauer in Asphalt nachvollzieht.

Doch zurück zu den schmalen Gassen der Innenstadt. Noch ein Palast, *Can Sequella* (17. Jahrhundert), und der *Bischofspalast, Palau Episcopal* (ebenfalls 17. Jahrhundert), liegen am Rand der *Carrer Sant Sebastiá* und der *Carrer del Bisbe* (mit einer herrlichen alten Bäckerei). Die *Carrer d'es Mirador* endet schließlich wieder dort, wo der Rundgang begann, an der *Plaça d'es Born*, am Stadttheater. Rechts kommen die Treppen in Sicht, die hinunter zum Meer führen. Kleinere Souvenirstände begleiten links, Boutiquen und Läden rechts die Stufen hinunter zum *Café Balear*. Was das *Café Bosch* für Palma de Mallorca, ist das *Café Balear* für Ciutadella: Drehscheibe für Klatsch und schnelle Blicke, Treff zum Nachmittagskaffee, vermeintliches »Restaurant« für Urlauber, die schnell ein paar Kartoffelchips essen möchten, *tapa*-Bar mit Blick auf das Rathaus, die kapernbewachsene Stadtmauer und den ruhigen Hafen – kurz: eine »Institution«, die Feriengäste genauso gern besuchen wie die Einheimischen. Seit Ende 1993 ist das Unternehmen voll computerisiert (mit der Tochter des Besitzers an der Tastatur). Jede Coca-Cola wird elektronisch abgerechnet; Verzögerungen sind deshalb nicht immer vermeidbar. Das *Café Balear* an der Cala En Bosc ist übrigens eine Neueröffnung desselben Besitzers.

MUSEEN

Bastió de Sa Font
Funde aus dem Mittelalter und der Zeit der muselmanischen Besetzung, historische Dokumente und Schriften. *Portal de Sa Font, tgl. außer So/Mo 10–13 und 19–21 Uhr*

Castell de Sant Nicolá
Kleines Heimatmuseum mit alten Fotografien, Erinnerungen an bemerkenswerte Persönlichkeiten usw. *Camí de Maó, tgl. außer So 19–21 Uhr*

Palau Salort
Der einzige Palast von Ciutadella, der Zugang und Einblick gewährt. Zu sehen sind Salons, Kaminraum und Schlafgemächer, ebenso Bad, Küche und »Garage«; der *patio* birgt ein automobilistisches Schmuckstück: einen Buick aus den 20er Jahren. Innerhalb des Palastes ist eine Bar geöffnet. *Plaça d'es Born, 1. Mai bis 30. Okt., tgl. außer So 9.30 bis 13.30 Uhr*

RESTAURANTS

Ca's Quintu
Klassische Inselkost und reiche Auswahl an *tapas. Plaça Alfons III, Tel. 38 10 02, Kategorie 2*

Das gleichnamige Restaurant am *Camí de Maó, 11* serviert dagegen internationale Küche.

El Comilón
Alteingeführtes Etablissement mit Tradition und reicher Auswahl an Fleisch und Fisch. Gute Küche mit französischem Einschlag, freundliche Bedienung. Mittags lohnt sich der Blick auf die Tageskarte. *Plaça Colón, 47, Tel. 38 09 22, tgl. außer So, Kategorie 2*

An der *Hafenstraße* reiht sich ein Restaurant an das andere, frequentiert hauptsächlich von Menorca-Urlaubern. Nicht alle Establissements lohnen einen Besuch. Hier eine Auswahl der besseren:

Casa Manolo
Wahrscheinlich das bekannteste der Hafenrestaurants. Seine Spezialität ist Fisch vom Grill. *C/. Marina, Kategorie 2*

El Bribón
Hier ist man spezialisiert auf Fisch und Meeresfrüchte. *C/. Marina, Kategorie 2*

Sa Figuera
Spezialitäten sind Fleischgerichte sowie Fisch im Salzmantel. *C/. Marina, Kategorie 2*

Forn de Ca'n Leo
Kein Restaurant, sondern eine Bäckerei mit allerlei Schlemmereien rund um Käse und Teigwaren für den kleinen Hunger. *C/. Alaior, 44*

EINKAUFEN

Rosa Botella Playa
Kunsthandwerklich gefertigter Modeschmuck und Straß. *Plaça d'es Born, 28*

Casa Coll
Hier kann man sich mit Kuchen, Gebäck und Süßigkeiten aller Art zu hinnehmbaren Preisen versorgen. *C/ de Maó, 8*

Casa Fayas
Menorcakäse, *sobrasada* und andere inseltypische Produkte vom Lande in reicher Auswahl. *Murada d'Artrutx, 28*

CIUTADELLA UND DIE WESTSPITZE

JAP – Artículos típicos
Typische Menorca-Mitbringsel, vor allem Lederwaren, in einem angenehmen kleinen Laden nahe dem Hafen. *Baixada Capelloch, 12*

Patricia Mesquida y García
Lauter Ledersachen. *Ronda Baleares, 9.* Außerdem Verkauf ab Fabrik, Schwerpunkt Kleidung, Gürtel, Taschen, Schuhe, an der nach Süden führenden Landstraße. *Ctra. de Santandría*

Pastisseria Ca'n Moll
Bonbons und Kuchen nach eigenen, oft recht eigenwilligen Rezepten. *C/. Roser, 1*

Tocinería Miguel Román
Würste, Streichwürste *(sobrasadas)* und Pasteten aus eigener Herstellung. *C/. Don Sacio, 26*

Top Leather Factories
Lederwaren zu vernünftigen Preisen und in großer Auswahl: Schuhe, Mäntel, Hosen, Taschen. *Ctra. de Maó, 194 sowie in der Altstadt, C/. de Ses Moreres, 33*

HOTELS

Ciutadella
Einfaches Hostal-Residencia mitten im Zentrum, viele Zimmer mit Bad; Restaurant mit ordentlicher Küche. *17 Zi., C/. Sant Eloi, 10, Tel. 38 34 62, ganzjährig, Kategorie 3–2*

Esmeralda
Drei-Sterne-Hotel, korrekt, ohne Luxus, direkt an der Hafeneinfahrt mit Blick auf Leuchtturm und Meer. Garten mit Schwimmbecken, Tennisplatz und Kinderhort. Hier wohnen viele ausländische Gäste. *133 Zi., Passeig Sant Nicolau, 171, Tel. 38 02 50, April bis Sept., Kategorie 2–1*

Menurka
🏃 Das Hostal in Zentrumsnähe, einfach, aber modern und sauber, bietet wahrscheinlich die günstigsten Unterkünfte direkt in Ciutadella. Gemischtes Publikum. *21 Zi., C/. Domingo Sabio, 6, Tel. 38 14 15, Kategorie 3*

SPORT

Segeln
Von der Jolle bis zur Yacht kann man Boote aller Klassen mieten bei *Yacht Brokerage, Port de Ciutadella, Tel. 48 20 44,* und bei *Sports Massanet, Motonáutica, C/. Lepanto, Tel. 48 21 86.*

Tauchen
Die Westspitze Menorcas bietet nicht nur eine abwechslungsreiche Unterwasserwelt, sondern auch ein breites Angebot an Tauchbasen. Auskunft bei *Sports Massanet, Motonáutica, C/. Marina, 66, Tel. 48 21 86.*

Tennis
Einen öffentlichen Tennisplatz mit Flutlicht unterhält der *Club de Tenis Ciutadella, Stadtteil Torre del Ram, Tel. 38 20 68.*

VIU Menorca
Hinter diesem Namen verbirgt sich eine Gemeinschaft »alternativer« Menorca-Führer, die seit 1994 teilweise ungewöhnliche und stets umweltschonende Insel-Ansichten vermitteln: Bootsausflüge, Wanderungen, Vogelbeobachtungen, Pferdetrekking, Radwanderungen und mehr. Information: *C/. Ramón Llull, 9, Tel. 38 37 08.*

AM ABEND

Groß in Mode sind die nur nachts geöffneten Bars in der Hafenverlängerung, *Es Plá de Sant Joan.* Dort, wo noch vor Jahren Fischer ihre *llauts* an Land zogen, um sie im Schatten der Bootsschuppen neu zu streichen, blinkt heute fahles Neonlicht. Eine gute Portion Schickimicki, harte Drinks – die Atmosphäre ist nicht nach jedermanns Geschmack.

Eine der ganz großen Diskotheken im Inselwesten, mit elegantem Outfit, viel Licht und Lichteffekten, gemischter Musik, gemischtem Publikum und im Sommer einer Reihe von Live-Veranstaltungen, ist das *Adagio's* im Stadtteil *Son Oleo.* Das *Ali Baba (C/. Marina, 27),* ebenfalls mit gemischtem Publikum, ist einer der Startpunkte für die Menorca-Nacht. Eine kleine Disko mit viel Stimmung, besonders zum Wochenende, ist die im Herzen der Stadt, gegenüber der Kathedrale, gelegene ✶ ✪ *Disco 1800.* Das ✶ *Es Glop (Passeig de Sant Joan)* ist eine Musikbar mit Terrasse, frischem Ambiente und jungen Leuten jeden Kalibers.

Bei lateinamerikanischen Klängen fischt der betuchte Menorquiner im *Club Mannix (Avda. del Mar, ab Mitternacht)* in exklusiver Atmosphäre nach unerschrockenen oder unerfahrenen Menorca-Besucherinnen. Im ✪ *Es Molí d'es Compte (Plaça Alfons III),* obwohl auch nachmittags geöffnet, wird es erst nachts richtig lebendig.

AUSKUNFT

Oficina de Información turística
Plaça de la Catedral, Tel. 38 26 93 (Mai–Okt.)

BUSSE

Bushaltestelle für die Fahrt nach Maó: *C/. Josep M. Quadrado, 7.* Mehrmals täglich fahren Busse dorthin; ihre Frequenz ist allerdings stark saisonabhängig. Auskunft über *Tel. 36 03 61* (auf spanisch) oder bei der Tourismusinformation.

Außerdem verkehren Linien von Ciutadella nach Cala Santandría, Cala Blanca, Los Tronquilos und Cala En Bosc, ferner nach Cala En Blanes, Cala En Bruch, Los Delfines und Cala En Forcat.

NÜTZLICHE ADRESSEN UND TELEFONNUMMERN

Rathaus *(Ajuntament): Tel. 38 10 50*
Autovermietung: *Europcar, C/. Conquistador, 59, Tel. 38 29 98*
Hauptpostamt: *Plaça d'es Born, 5*
Taxizentrale: *Tel. 38 23 35 und Tel. 38 11 97*

ZIELE IN DER UMGEBUNG

Inselrundfahrten mit den *Líneas de la Cruz* führen zu vielen entlegenen Stränden und Badebuchten, die oft mit dem Auto oder zu Fuß kaum erreichbar sind. Die Schiffahrtslinie fährt teilweise mit Glasbodenbooten fast die gesamte Inselküste ab. Tagestouren führen von Ciutadella aus in den Nordwesten über *Cala Morell* bis zur *Cala del Pilar* sowie in den Südwesten über *Cala En Bosc* und *Arenal de Son Saura* bis *Cala Santa Galdana*; im Sommer sind Badepausen vorgesehen. Die Boote stechen während der Sommermonate *tgl. 10 Uhr* in See; Rückkehr gegen *17 Uhr.* Abfahrt im Hafen von Ciutadella an der

CIUTADELLA UND DIE WESTSPITZE

Lademole. Kartenvorverkauf: *Es Port Shop, Tel. 48 17 90.*

Arenal de Son Saura   (C 5)

✪ Diese Bucht mit zwei Stränden, die durch eine kleine Landzunge voneinander getrennt sind, feinem weißem Sand, Pinien im Hintergrund, windgeschützt, ist ideal für einen Strandtag. Doch Vorsicht: Im Rund der Bucht sollen sich bisweilen Strömungen bilden, die ins offene Meer hinaustreiben.

Um hierher zu gelangen, nimmt man von Ciutadella aus den Camí de Sant Joan de Missa bei der gleichnamigen weißen Landkirche und biegt bei Son Vivó rechts ab, am alten, quadratischen Turm Torre Saura Vell vorbei.

Besonders die Ciutadeller haben für Son Saura eine Vorliebe entwickelt. Wenn der lange Sandstrand schon belegt ist, lohnt sich der Fußmarsch ostwärts. Nach der Überquerung der Felsnase *Punta d'es Governador* (ungefähr 500 Meter) stößt man auf die nächste, erheblich kleinere Bucht, die *Cala d'es Talaier.* Der Sand ist ockerfarben; auch hier gibt im Hintergrund ein Pinienhain Sonnenschutz.

Cala d'es Degollador   (B 3)

Ihren schauerlichen Namen (»Bucht des Halsabschneiders«) verdankt der Landeinschnitt rund 500 Meter südlich der Hafeneinfahrt von Ciutadella nicht etwa den coladosenanbietenden Strandverkäufern, sondern einem Piratenüberfall, der hier auf erste Gegenwehr gestoßen sein soll. Der kleine Strand wird hauptsächlich von den Einwohnern Ciutadellas zum Baden genutzt.

Cala En Forcat   (A–B 3)

Westlich von Ciutadella ist eine Ferienstadt aus dem Küstenfels gewachsen. Die Siedlungen *Cala En Blanes, Cala En Forcat* und *Cala En Brut* haben sich mit der Urbanisation *Los Delfines* so tief verzahnt, daß teilweise schwer zu ermitteln ist, wo welche Ortschaft aufhört. Das ganze Gebiet steht eindeutig im Zeichen des Tourismus. Meistens sind es Engländer, die in den relativ günstigen Familienhotels und den reichlich vorhandenen Apartments unterkommen. Die Küstenlinie ist mit einer Anzahl von Villen mit traumhaftem Meerblick besetzt.

Jede der Buchten hat mindestens einen kleinen Strand. Der geräumigste dürfte jener der *Cala En Blanes* mit etwa 50 Meter Breite sein. Weite, menschenleere Strände sucht man hier vergebens. Auffällig sind die Meerwassergeysire, die am Westrand der Cala En Forcat kleine Fontänen in den Himmel blasen. Diese *bufadors* sind aber nicht auf vulkanische Aktivitäten zurückzuführen, sondern auf ein Höhlen- und Röhrensystem, das auf Wasserdruck reagiert. Früher angelten die Bewohner von Ciutadella in den Klippen der weiter nördlich gelegenen *Cales Piques* (Plural, weil zwei schmale Buchten tief in den Felsen reichen); heute nutzen Urlauber in *Los Delfines* die winzigen Strandfleckchen für ein Bad im relativ tiefen Wasser der Buchten.

Ein Hotel-Tip: das *Almirante Farragut,* ein gediegenes Drei-Sterne-Haus der gehobenen Mittelklasse mit solidem Service und komfortablen Zimmern (*472 Zi., Tel. 38 20 00, Mai–Okt., Kategorie 1–2*).

Cala Macarella (C 4–5)

★ Kristallklares, türkisfarbenes Wasser, eingefaßt in einen Ring aus grauem, bewachsenem Kalkstein, im Hintergrund ein Traumstrand und ein kleines Feuchtbiotop, in dem früher Schildkröten lebten – Menorcas Vision vom Paradies. Dieses Paradies war allerdings gefährdet, denn die Bucht sollte zum Feriengebiet aufgerüstet werden; nur scharfe Proteste der Bevölkerung konnten das Projekt verhindern. Seit 1992 steht der gesamte Küstenstreifen zwischen der *Platja de Son Xoriguer* und *Biniali* mit ganz wenigen Ausnahmen unter Naturschutz. Zur Zeit bedient lediglich eine dezent in den Pinien versteckte Bar mit einem schlichten Speiseplan hungrige und durstige Strandgäste. In den Uferfelsen findet man einige prähistorische Grotten. Seit 1994 ist die Cala Macarella mit kostenpflichtigen Parkplätzen ausgestattet.

Cala En Turqueta (C 5)

★ Mit der Cala Macarella ist die Cala Turqueta zum Inbegriff der »malerischen Buchten im Süden Menorcas« geworden. Zufahrt ab Ciutadella über den Camí de Sant Joan de Missa, an der Abzweigung bei Son Vivó links. Nach rund 5 Kilometern gabelt sich der Weg; links kommt man zur Cala Macarella, rechts zur Cala En Turqueta. Auch hier gibt es seit 1994 gebührenpflichtige Parkplätze.

Nau d's Tudons (C 3)

★ Das bekannteste prähistorische Grab der Insel und wahrscheinlich das älteste bekannte Bauwerk Europas. Die mächtigen Sandsteinquader wurden vor rund 3400 Jahren zusammengefügt und ab 1959 restauriert. Dabei fand das Ausgrabungsteam einige Schmuckstücke und Reste menschlicher Knochen, was den Gedanken an eine (geplünderte) Grabkammer nahelegte. Der Innenraum der *nau* (spanisch *naveta*) ist in zwei Etagen aufgeteilt.

Um das Bauwerk rankt sich eine Legende. Lange bevor es auf der Insel schneite, sollen zwei Titanen um die Gunst einer Dame gestritten haben. Als Liebesbeweis wurde vereinbart, daß der eine einen zweigeschossigen Turm baue, der andere einen Brunnen grabe, so tief, bis er auf Wasser stoße. Das Grundwasser floß zuerst. Das erzürnte den anderen Titanen so sehr, daß er einen gewaltigen Stein aus seinem Turm brach (das heutige Eingangsloch) und auf den Brunnenbauer warf. Die Folgen waren tragisch: Der Bösewicht ertränkte sich im Brunnen, die Dame starb an gebrochenem Herzen und wurde in der Nau d'es Tudons beigesetzt. Der tiefe Brunnen ist übrigens unter dem Namen *Pou de Sa Barrina* heute noch bekannt.

Punta Nati (B 2)

✸ Einige Schafe suchen hier Kräuter, die vereinzelt aus dem Gewirr der zerklüfteten Felsen sprießen. Im Frühjahr nehmen auch Einwohner Ciutadellas die holprige Anfahrt in Kauf *(Avda. Francesc B. Moll)*, vorbei am qualmenden Müllplatz der Stadt, über dem ständig ein Schwarm Möwen kreist. Kapern sucht man dann am Kap, die dort im Schatten der Steinmauern wachsen. Für ein paar Wochen in Salzlake

CIUTADELLA UND DIE WESTSPITZE

oder sauer eingelegt, reifen die zarten Knospen im Glas zu echten Köstlichkeiten heran.

Das trostlose Kap wird seit 1913 von einem Leuchtturm gekrönt. Von hier aus hat man eine phantastische Sicht aufs Meer, auf den südwestlichen Küstenstreifen und auf zwei Buchten im Osten, die *Cala Es Pous* und die *Cala Es Morts* (»Totenbucht«). Der letztgenannte Name rührt daher, daß im Winter 1910 das französische Passagierschiff »Général Chanzy« in einer Sturmnacht auf die Klippen geschleudert wurde und vor der Bucht in Sekundenschnelle sank. Von über 150 Passagieren und Besatzungsmitgliedern überlebte nur ein junger Franzose das Unglück, von dem heute noch ein Kreuz und das geborstene, rostende Metallgerippe des Schiffswracks erzählen.

Son Catlar (B 4)
Bevor man auf der Fahrt von Ciutadella hierher (gleiche Strecke wie bei Arenal de Son Saura beschrieben) den Turm *Torre Saura Vell* erreicht, gewahrt man links dieses größte prähistorische Siedlungsgebiet der gesamten Balearen. Über mehr als 6 Hektar verstreut und mit einer teilweise verfallenen Schutzmauer von fast 1 Kilometer Länge umgeben, liegen hier Zisternen, die Grundmauern von Wohnräumen, fünf Steintürme *(talaiots)* und das zentrale Heiligtum, die *taula*. Die Anlage wurde bisher nur unzulänglich erforscht; ihr Alter ist unbekannt. Sicher ist nur, daß sie bis zum Ende der römischen Besatzung bewohnt war.

Torrellafuda (C 3)
Märchenhaft, fast unheimlich wirkt diese große prähistorische Siedlung, die heute mit der Natur ringt: Ein Steineichenhain macht ihr den Platz streitig. Auch hier Räume, Kammern, künstliche Höhlen, Zisternen, ein Steinturm und eine *taula*, versunken im Schatten der Bäume. Anfahrt: Landstraße Ciutadella–Maó, km 37, rechts, nach etwa 250 Metern.

Inbild der malerischen Badebucht im Süden Menorcas: die Cala En Turqueta

Von Auskunft bis Zoll

Nützliche Tips, wichtige Adressen, Hilfestellung für den Menorca-Aufenthalt

AUSKUNFT

Wichtige Informationen für ihre Urlaubsreise erhalten Sie unter folgenden Anschriften:

Spanisches Fremdenverkehrsamt
Kurfürstendamm 180, 10707 Berlin, Tel. 030/882 65 43
Grafenberger Allee 100, 40237 Düsseldorf, Tel. 0211/680 39 81
Myliusstraße 14, 60323 Frankfurt/Main, Tel. 069/72 50 33
Postfach 15 19 40, 80051 München, Tel. 089/538 90 75
Rotenturmstraße 27, 1010 Wien 1, Tel. 1/535 14 25
Seefeldstraße 19, 8008 Zürich, Tel. 01/252 79 31

Information und Hotelnachweis am Ort
Oficina de Información turística, Plaça d'Esplanada, 40, Maó, Tel. 003471/36 37 90
Asociación Hotelera de Menorca, C/ Josep M. Quadrado, 28, Maó, Tel. 003471/36 10 03, Fax 36 28 57

APOTHEKEN

Apotheken *(farmacias)* sind mit einem grünen Kreuz gekennzeichnet. Nach Geschäftsschluß ist der nächste erreichbare Notdienst jeweils im Aushang genannt.

ÄRZTE

Es gilt der deutsche Auslandskrankenschein. Oft müssen ärztliche Leistungen dennoch bar bezahlt werden; dann unbedingt vom Arzt (auch für teure Medikamente oder zahnärztliche Behandlung) eine reguläre Quittung *(recibo oficial)* ausstellen lassen, welche die meisten deutschen Krankenkassen wenigstens durch anteilige Kostenübernahme anerkennen. In den Feriengebieten sind spezielle *Centros Médicos* auf Bedürfnisse, Verständigungsprobleme und die häufigsten Urlaubserkrankungen von Feriengästen vorbereitet. Den Zahnarzt findet man unter der Bezeichnung *dentista.* Vor Reiseantritt empfiehlt sich eine Schutzimpfung oder Immunglobulingabe gegen Reisehepatitis (Hepatitis A).

AUSWEIS

Ein Personalausweis ist gegebenenfalls notwendig bei Polizeikontrollen (Autofahrer, Diebstahl usw.); Reisepaß geht auch.

PRAKTISCHE HINWEISE

BANKEN/WECHSELSTUBEN

Banken *(bancos)*, Sparkassen *(cajas de ahorro)* und Wechselstuben sind für den Geldwechsel günstiger als Hotelrezeptionen und Läden. Die besten Kurse erhält man bei Eurocheques (bis 30000 Ptas, in Peseten auszustellen). Banken und Sparkassen sind für gewöhnlich nur von 9–13 Uhr geöffnet, Wechselstuben in den Tourismusorten oft auch nachmittags. Akzeptiert werden nach Bankschluß von den Bankautomaten alle gängigen Kreditkarten wie Visa, Mastercard, American Express oder Eurocheque.

BESCHWERDEN

Mehrsprachige Beschwerdeformulare liegen nicht nur in allen dem Fremdenverkehr dienenden Unternehmen aus, also Hotels, Gaststätten usw., sondern auch in sämtlichen Fremdenverkehrsbüros *(Oficinas de Información turística)*. Reklamationen, die Unterkunft, Gastronomie und sonstige Leistungen des Tourismusgewerbes betreffen, werden ernst genommen und im *Fomento de Turismo* bearbeitet, wenn konkrete Mißstände angezeigt werden; deshalb genaue Adresse und Datum nicht vergessen.

BUSSE

Die meisten Reiseveranstalter verfügen über ein eigenes Transfernetz zwischen Flughafen und Unterkünften (zumindest während der Saison). Das öffentliche Verkehrsnetz wird von drei Unternehmen beherrscht: *TMSA, Tel. 36 03 61, Roca, Tel. 37 66 21,* und *Torres, Tel. 38 45 11.*

ELEKTRIZITÄT

Die Stromspannung ist in Hotels und Hostals heute fast überall 220 Volt, nur ganz selten noch 125 Volt. Probleme gibt es bei älteren Installationen mit den Steckdosen; Adapter findet man in jedem Elektrogeschäft.

FAHRZEUGVERMIETUNG

Leihen kann man in allen größeren Touristenorten, in erster Linie in Maó und Ciutadella, sowie am Flughafen Autos, Motorräder und teilweise auch Fahrräder. Preisvergleiche lohnen sich; einige Anbieter werben mit Kosten, die lediglich Abschreibung und Versicherung enthalten. Die teuersten Vermieter sind für gewöhnlich die am Flughafen. Im übrigen sollte man es unbedingt vermeiden, Papiere und Wertgegenstände in einem abgestellten Mietwagen zu lassen. Selbst der Kofferraum ist kein absolut sicherer Platz.

FERNSEHEN

Fast alle Hotels mit Fernsehen verfügen auch über eine Satelliten-Empfangsanlage (meistens Astra, seltener Hispansat) mit entsprechenden Möglichkeiten zur Ausstrahlung deutsch- und englischsprachiger Sendungen. Weitere vier spanische Sender sind über die normale Antenne zu empfangen.

FKK

Im Gegensatz zu den anderen Baleareninseln verfügt Menorca nicht über einen Strand, der ausdrücklich als FKK-Gebiet ausgewiesen wäre. »Oben ohne« wird jedoch an allen Stränden geduldet. Viele sonnen sich auch in den kleinen, verschwiegenen Buchten hüllenlos.

GOTTESDIENSTE

Deutschsprachige Messen wie beispielsweise auf Mallorca wird man auf Menorca vergeblich suchen. Einzige Alternative zu dem in menorquinisch (seltener in spanisch) gehaltenen Gottesdienst sind drei anglikanische Kirchen in *Maó (Camí de l'Ángel, 20)* und *Es Castell (C/. Stuart, 20* und *C/. Gran, 78).*

HAUSTIERE

Mitgebrachte Hunde und Katzen müssen gegen Tollwut geimpft sein. Eine tierärztliche Bescheinigung (internationales Modell) mit Impfdaten, Bestätigung eines »guten Allgemeinzustands« und Herkunftsnachweis wird oft bei der Einreise verlangt. Einige Hotels sind speziell auf Vierbeiner vorbereitet; in Restaurants und Läden sind sie aber generell unerwünscht, am Strand verboten.

KINDER

Menorca ist eine kinderfreundliche Insel, die den lieben Kleinen neben Sand und Meer zwar relativ wenige konkrete Vergnügungsmöglichkeiten bietet, dafür aber oft einen guten Service für Familien mit Kindern offeriert. So sind zum Beispiel viele größere Hotels und Restaurants auf den Umgang mit Kindern vorbereitet. Gelegentlich findet man sogar spezielle Kinderbetreuungseinrichtungen, damit El-

tern sich ein paar ruhige Ferienstunden gönnen können.

KONSULAT

In *Maó* gibt es ein deutsches Konsulat: *C/. Andreu, 32, Tel. 36 16 68.*

KRANKENTRANSPORTE

Seit Ende 1994 gibt es für Notfälle einen Sammelruf. Krankenwagen sind Tag und Nacht erreichbar unter *Tel. 061.*

POLIZEI

Gleich drei verschiedene Polizeieinheiten gibt es in Spanien. Die *Guardia Civil* (grüne Uniform, grün-weiße Fahrzeuge) kümmert sich um Verkehr und Kriminalität im ländlichen Bereich und um Zollvergehen, die *Policía Municipal* (blau-weiße Uniform, Schirmmütze und Fahrzeuge mit schwarzweiß kariertem Band) geht Aufgaben der Stadtverwaltung (Maó und Ciutadella) nach und wickelt den Stadtverkehr ab, die *Policía Nacional* (dunkelblaue Uniform, blau-weiße Fahrzeuge) ist zuständig für die Verfolgung von Straftaten im Stadtbereich.

POST

Das kann dauern; in dringenden Fällen lieber einen privaten, teureren Service in Anspruch nehmen *(UPS* oder *SEUR)* oder ein ebenfalls teures Expreßangebot der Post: *Postal Express* (in Deutschland: Datapost). Postgebühren für Brief (bis 20 Gramm) und Postkarte ins übrige Europa 60 Ptas. Briefmarken sind erhältlich bei der Post und in allen mit den Nationalfarben gekenn-

PRAKTISCHE HINWEISE

zeichneten Tabakläden; Poststellen sind nur von 9 bis 13 Uhr geöffnet. Hauptpostämter (u. a. für Abhebungen vom Postsparbuch, normalerweise auch mit Fax-Service) gibt es in *Alaior, C/. Doctor Albiñana, 1, Tel. 37 19 71, Es Castell, Plaça de S'Esplanada, 4, Tel. 36 71 07, Ciutadella, Plaça d'es Born, 5, Tel. 38 00 81, Maó, C/. Bonaire, 15, Tel. 36 38 92.* Telegramme per Telefon nimmt das Postamt Maó *(C/. Bonaire, 15)* in der Zeit von *8 bis 21 Uhr* über *Tel. 36 38 95* an.

RADIO

Deutsche Welle über Kurzwelle: 49-Meter-Band, 6115 bzw. 6075 kHz, oder 31-Meter-Band, 9545 kHz, tagsüber. Sonst spanische und regionale Sender.

SPRACHE

Deutsch spricht fast niemand auf Menorca. Dafür kommt man mit Englisch sehr gut weiter. Wer ein Übriges tun und seine Gastgeber mit einigen mehr oder minder fehlerfreien Brocken *catalá* überraschen möchte, findet im *Polyglott-Sprachführer Katalan* eine ernst zu nehmende Hilfe. Hier ist jedoch zu beachten, daß der Dialekt *menorqui* einige Unterschiede zum Katalanischen aufweist.

STRASSENVERKEHR

Wenn nicht anders ausgeschildert, beträgt die zulässige *Höchstgeschwindigkeit* in Ortschaften 50 km/h, auf Landstraßen 80 km/h, wenn diese mit einem mindestens 1,5 Meter breiten Randstreifen versehen sind, 100 km/h. Wichtig: *Anschnallpflicht* gilt auch für den Beifahrer und Mitreisende im Fond (wenn dort Gurte vorhanden). Zunehmende Alkoholkontrollen; die *Promillegrenze* liegt bei *0,8.*

Ein Hinweis: Man fährt auf Menorca mit einer gewissen mediterranen Nonchalance. Das wird besonders deutlich vor Fußgängerüberwegen, die weitgehend ignoriert werden, und vor Ampeln, wo man gern noch bei Gelb/Rot durchrauscht.

TANKEN

Super, Diesel und Bleifrei *(sin plomo)* und immer öfter auch Bleifrei Super oder Extra (98 Oktan) sind an 11 Tankstellen der Insel zu haben: in Maó (3), Ciutadella (3), Alaior (2), Sant Lluís, Es Mercadal und an der Landstraße Maó–Fornells.

TAXI

Taxis bekommt man selbst in kleineren Ortschaften, zumeist an einem dafür vorgesehenen Taxistandplatz (Schild). Sollte an Ort und Stelle keines bereitstehen, hilft die Taxizentrale weiter: *Tel. 36 71 11.*

TELEFONIEREN

Mehr und mehr mit der Magnetkarte *(tarjeta telefónica,* im Wert von 1000 und 2000 Ptas), die in allen mit den spanischen Nationalfarben gekennzeichneten Tabakläden, in Kiosken und Poststellen zu bekommen ist. Weltweite Gespräche sind möglich von jeder Telefonzelle mit der Aufschrift *Internacional* und von den *locutores públicos* (Telefonzentralen) aus. Letztere bieten den

Vorteil, daß erst nach Gesprächsende abgerechnet wird. Ansonsten: Genügend Kleingeld zu 25, 50, 100 Ptas bereithalten. Zum spanischen »Mondscheintarif« telefoniert man täglich zwischen 22 und 8 Uhr, Sa schon ab 14 Uhr, So/feiertags durchgehend. Grundsätzlich ist das Telefonat von Deutschland aus etwas günstiger – also lieber sich auf eine Anrufzeit verabreden oder sich nach einem »Lockruf« zurückrufen lassen. Gespräche von den *locutores públicos* aus liegen um 5–15, vom Hotel aus um bis zu 75 Prozent über den Normalkosten. In Zweifelsfällen hilft die Telefongesellschaft *Telefónica, Maó, C/. Ramón y Cajal, Tel. 36 16 17.*

Vorwahl für Gespräche von Deutschland nach Menorca (gesamte Insel) *003471,* von Menorca nach Deutschland *0749,* nach Österreich *0743,* in die Schweiz *0741;* es folgt die Ortsvorwahl ohne die erste Null, danach die eigentliche Nummer. Für Gespräche innerhalb der Insel bedarf es keiner Vorwahl. *Telefonauskunft:* national *003,* international *025.*

TOURISMUSINFORMATION

Hilfe und Informationen an Ort und Stelle geben nicht nur die beiden Tourismusbüros in *Maó (Plaça d'Esplanada, 40, Tel. 36 37 90, ganzjährig)* und *Ciutadella (Plaça de la Catedral, Tel. 38 26 93, Mai–Okt.),* sondern auch ein *mobiles Hilfsbüro,* das während der Sommermonate jeweils für einen Tag die wichtigsten Ferienorte anfährt. Neu ist auch ein Informatikservice. Ab 1996 sind wichtige Ortsinformationen wie Straßennachweis, Ortsbeschreibun-

gen und archäologische Routen auch über einen berührungsempfindlichen Bildschirm zugänglich. Wo überall die neuen Informationscomputer plaziert werden, stand bei Redaktionsschluß noch nicht fest.

TRINKGELD

Als Faustregel gilt: 5–10 Prozent des Rechnungsbetrags schaffen Freunde unter Dienstmädchen, Kellnern und Portiers. Aber auch der Taxifahrer, der Platzanweiser und der Reiseführer bei Besichtigungstouren freuen sich über ein Trinkgeld. Unfreundlicher Service wird hingegen mit Entzug der *propina* bestraft.

ZEITUNGEN

Alle wichtigen deutsch- und englischsprachigen Tages- und Wochenzeitungen sind auch auf Menorca zu haben, manchmal einen oder zwei Tage später. Eine deutschsprachige Urlauberzeitung gibt es nicht.

ZELTEN/CAMPING

Über Erlaubnis/Verbot befindet die jeweilige Gemeinde oder der jeweilige Grundstücksbesitzer. Das ist problematisch – aber Fragen kostet nichts. Von wildem Zelten ist unbedingt abzuraten. In den Naturschutzgebieten ist Campen verboten! Der einzige *Campingplatz* der Insel (Wasser, Strom, Waschmöglichkeit), *S'Atalaia,* liegt in einem Pinienhain, 3 Kilometer von der Küste entfernt, zwischen Ferreríes und Cala Santa Galdana *(Landstraße, km 4, Tel. 37 42 32*; ausgeschildert) und ist *April–Okt.* geöffnet.

PRAKTISCHE HINWEISE

ZOLL

Urlauber aus Ländern, die das Schengener Abkommen unterzeichnet haben (etwa Deutschland, Benelux, *nicht* Österreich und die Schweiz), dürfen seit dem 26. März 1995 die »Europa-Pforte« benutzen – ohne Paßkontrolle. Das EG-Gepäck wird meistens im Herkunftsland mit einem weiß-grünen Etikett versehen. Ansonsten gelten für die Ausreise die bekannten Zollvorschriften und Zollfreimengen. Für den Eigenkonsum darf aus- bzw. eingeführt werden: 800 Zigaretten, 400 Zigarillos, 200 Zigarren, 1 kg Tabak, 20 l Aperitif, 90 l Wein (mit einem Anteil von maximal 60 l Schaumwein) und 110 l Bier.

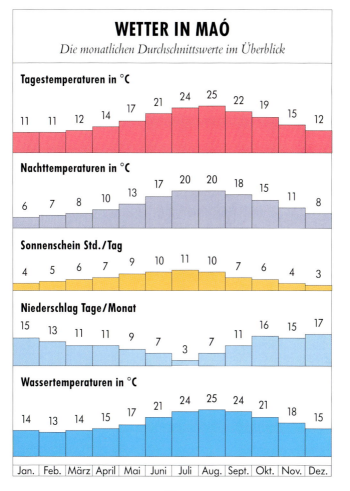

Bloß nicht!

*Zwar gibt es kaum Kriminalität, doch drohen andere
Widrigkeiten, denen es vorzubauen gilt*

Badesünden

Besonders Menorcas Süden ist
bekannt für seine starken Meeres-
strömungen, die vornehmlich an
den größeren, offenen Stränden
tückisch sein können. Deshalb
stets, wo vorhanden, Warnbojen
beachten und an den bezeichne-
ten Stränden nicht zu weit hinaus-
schwimmen.

Der Inselnorden kann beim
Wehen der *tramuntana* gefährlich
werden. Der starke Nordwind
sollte dann eigentlich jegliche
Badeversuche von selbst verbie-
ten. Beachten Sie unbedingt immer die rote Warnflagge an
Stränden!

In diesem Zusammenhang sei
auch auf die Tücken des frischen
Windes verwiesen, der als Menorcas fester Begleiter unter den
mehr oder minder hellhäutigen
Badegästen schon für so manchen Sonnenbrand gesorgt hat.
Das subjektive Befinden ist da
nicht immer der zuverlässigste
Ratgeber. Ziehen Sie lieber die
Uhr zu Rate! Hautärzte empfehlen fürs Sonnenbaden eine
Höchstdauer von 15–20 Mi-
nuten. Ausreichender Sonnenschutz ist in jedem Fall wichtig.

Gepäck

Wagen werden auf Menorca
nicht gestohlen, wohl aber gelegentlich deren Inhalt. Deshalb
nichts im Fahrzeug zurücklassen.
Auch der abgeschlossene Kofferraum schützt nicht vor unbefug-
tem Zugriff. Kleinere Wertgegenstände und wichtige Dokumente (außer Personalaus-
weis/Reisepaß sowie Führer-
schein für Autofahrer) sind sowieso im Hotelsafe sicherer
aufgehoben.

Fliegende Händler

Plötzlich tauchen sie am Strand
auf: ambulante Händler mit einem mehr oder weniger reichen
Angebot an Früchten oder Ge-
tränken. Fast nie erfüllen sie amt-
liche oder hygienische Voraus-
setzungen. Besser nichts kaufen!

Time-sharing

Wer will schon ein Achtel Apart-
ment zu einem verhältnismäßig
hohen Preis haben! Doch immer
wieder gelingt es raffinierten
Verkäufern, derartige Angebote
an den Mann zu bringen. Oft
wird als Einstieg eine sichere Prä-
mie geboten; dabei ist nur eines
sicher: Das knallhart geschulte
Personal ist jedem Normalbürger
in puncto Rhetorik weit überle-
gen. Nichts, aber auch gar nichts
sofort unterschreiben! Bei ernst-
haftem Interesse eventuell andere
Angebote einholen oder einen

WARNUNG

offiziellen Makler (API-Nachweis) aufsuchen. Eine relativ neue EG-Richtlinie sieht außerdem für alle Time-sharing-Verträge ein Recht zum Rücktritt innerhalb von 10 Tagen nach Unterschriftsleistung vor, und zwar selbst dann, wenn bereits eine Zahlung erfolgt ist. Auch sind auf den Balearen bereits einige Fälle bekannt geworden, bei denen der Vertrag vor der Unterschrift manipuliert wurde. Vor der endgültigen Unterschrift also Original und Durchschrift vergleichen!

Ummauerte Grundstücke

Nicht jeder Menorquiner sieht gern Fremde über sein Grundstück laufen. Gelegentlich ist sogar schon die Schrotflinte gezogen worden (gottlob ohne schlimme Folgen), öfter werden die Hunde losgelassen. Deshalb auf Wanderungen (und ganz besonders bei der Suche nach einem »wilden« Campingplatz) unbedingt vorher mit dem Besitzer sprechen. Auf festen Wanderrouten immer darauf achten, nach Durchgang über Privatgrund alle Tore wieder zu schließen.

Verkaufsfahrten

Die Rede ist nicht von Butterfahrten, bei denen zollfreie Waren angeboten werden. Gemeint sind vielmehr jene Gratistouren, die auf den Verkauf von allerlei Unfug hinauslaufen, der in der Heimat oft für einen Bruchteil des Preises zu haben ist. Die *manteros* (Deckenverkäufer) bieten auf solchen kostenlosen Ausflügen Kamelhaardecken, Fußwärmer, Kochgeschirre, Wunderwannenbäder und andere vermeintliche Schnäppchen an.

Zunächst wird ein bißchen in die Landschaft geschnuppert, bevor es dann bei Kaffee und Kuchen zur Sache geht. Auch hier ist psychologisch durchtrainiertes Verkaufspersonal am Werk, gegenüber dem das Neinsagen oft erheblich schwerer fällt als anfangs geglaubt. Am besten gar nicht erst mitfahren. Ist die Luxusdecke erst einmal gekauft, gilt theoretisch Europarecht, das heißt sieben Tage Rücktrittsmöglichkeit.

Waldbrände

Immer wieder kommt es im Sommer auf Menorca, wie in ganz Spanien, zu verheerenden Waldbränden, die nicht selten mit Absicht oder durch menschliches Fehlverhalten verursacht werden. In den Monaten Mai bis Oktober sind die Wälder besonders stark gefährdet, weil dann die Böden ausgetrocknet, ja ausgeglüht sind. Gelegentlich fördern kräftige Winde eine Ausbreitung der Flammen. Deshalb die dringende Bitte: Keine offenen Feuer entzünden, keine glimmenden Zigarettenreste achtlos wegschmeißen, keine Abfallreste (besonders gefährlich sind Glasreste und Glasflaschen) am Picknickort zurücklassen! Bei Verdacht auf einen Waldbrand sollte man sich sofort an die Polizei *(Notruf 091)* oder, noch besser, an die Feuerwehr *(bomberos)* wenden (Raum *Ciutadella: Tel. 36 39 61;* Raum *Maó: Tel. 38 07 87).* Bei den Angaben ist vor allem ein möglichst genauer Ortsname wichtig; deshalb sollten Sie bei der Suche nach dem nächsten Telefon unbedingt auf Straßenschilder und Wegebezeichnungen achten.

Was bekomme ich für mein Geld?

Währungseinheit ist die Peseta (Pta). Zur Zeit sind zwei verschiedene Serien in Umlauf; die ältere zeichnet sich durch größeren Münzdurchmesser und größeres Geldscheinformat aus. Münzautomaten akzeptieren zumeist beide Serien. Die früher gebräuchliche Untereinheit der Peseta, der Céntimo, spielt heute keine Rolle mehr; bei der Tankrechnung etwa wird schlicht auf- oder abgerundet. Die gängigen Münzwerte: 1, 5, 25, 50, 100, 200 und 500 Ptas; Banknoten zu 1000, 2000, 5000 und 10 000 Ptas sind ebenfalls in Umlauf.

Verglichen mit den Preisen auf dem spanischen Festland sind die Insel-Preise etwas höher. Den günstigsten Wechselkurs erhält man bei Banken und Sparkassen gegen Vorlage eines Eurocheques, der bis zu einer Maximalsumme von 30 000 Ptas ausgestellt werden darf. Auch Kreditkarten sind durchaus üblich und werden von fast allen Boutiquen, Hotels und Restaurants akzeptiert. Die Einfuhr von spanischem Bargeld, Travellerschecks und ausländischer Währung ist in beliebiger Höhe erlaubt. Gängige Eintrittspreise liegen bei 300–700 Ptas, für den *café con leche* zahlt man 120–180 Ptas, das Menü in einem durchschnittlichen Restaurant kostet 1500–2500 Ptas pro Person.

DM	Ptas.	Ptas.	DM
1	80,00	100	1,24
2	160,00	250	3,10
3	240,00	500	6,20
4	320,00	750	9,30
5	400,00	1.000	12,40
10	800,00	1.500	18,60
20	1.600,00	2.000	24,80
30	2.400,00	3.000	37,20
40	3.200,00	4.000	49,60
50	4.000,00	5.000	62,00
60	4.800,00	6.000	74,40
70	5.600,00	7.500	93,00
80	6.400,00	10.000	124,00
90	7.200,00	12.500	155,00
100	8.000,00	15.000	186,00
200	16.000,00	25.000	310,00
300	24.000,00	40.000	496,00
500	40.000,00	50.000	620,00
750	60.000,00	75.000	930,00
1.000	80.000,00	100.000	1.240,00

Damit macht Ihre nächste Reise mehr Freude:

Die neuen Marco Polo Sprachführer. Für viele Sprachen.

Sprechen und Verstehen ganz einfach. Mit Insider-Tips.

Das und vieles mehr finden Sie in den Marco Polo Sprachführern:
- Redewendungen für jede Situation
- Ausführliches Menü-Kapitel
- Bloß nicht!
- Reisen mit Kindern
- Die 1333 wichtigsten Wörter

REGISTER

Enthalten sind alle in diesem Führer erwähnten Orte und Strände sowie die wichtigsten der genannten Örtlichkeiten; Artikel (En, Es, S', Sa, Los usw.) und Partikeln (d', de usw.) sind im Alphabet unberücksichtigt geblieben. Halbfette Ziffern verweisen auf den Haupteintrag

Alaior 18, 25, 27, 31, 44, 48, **63-66,** 89
Albufera d'Es Grau 18, **57f.**
S'Algar 50f.
Arenal d'en Castell 5, 44, **60**
Arenal de Son Saura (Ciutadella/Westspitze) 82, **83,** 85
Arenal de Son Saura (Tramuntana) 53, **60**
S'Atalaia (Campingplatz) **67,** 91
Barranc d'Algendar 15
Barranc d'Es Bec 15
Barranc de Son Boter 15
Barranc de Son Bou 15
Biniali 84
Biniancolla 51
Binibeca Vell 34, 50, **51**
Binicodrell (*talaiot*) 70f.
Binidali 51
Biniparratx 51
Binisaid (Landgut) 69
Binisafúa 51
Cala Alcaufar 12, 16, **51**
Cala Algaiarens 75f.
Cala Biniancolla 51
Cala Binimel.là 56
Cala Blanca 73ff.
Cala En Blanes 82, **83**
Cala En Bosc **74,** 82
Cala En Bruch 82
Cala En Brut 83
Cala d'es Degollador 83
Cala Escorxada 69
Cala Figuera 40
Cala Ses Fontanelles 76
Cala En Forcat 73, 82, **83**
Cala Fustam 68f.
Cala Macarella 5, 74, **84**
Cala Mitjana 68f.
Cala Molí 60, 61
Cala Morell 6, 73, **75f.,** 82
Cala Es Morts 85
Cala Parejals 74
Cala del Pilar 82
Cala En Porter 44, **47f.,** 65, 66
Cala Es Pous 85
Cala Pregonda 53, 56
Cala Pudent 60f.
Cala Rafalet 5, **51**
Cala Santa Galdana 15, 44, 45, 63, 65, 67, 68, **69,** 82, 90
Cala Santandría **74f.,** 82
Cala Sant Esteve 35
Cala Sant Tomás 68
Cala d'es Talaier 83
Cala Tirant 53, **56**

Cala de Sa Torreta 56f.
Cala Tortuga 61
Cala Trebalùger 63, **68**
Cala En Turqueta 5, 45, 74, **84**
Cales Coves 5, 18, 34, 45, **48f.**
Cales Piques 83
Camí de Cavalls (»Pferdeweg«) 17
Camí d'en Kane (»Kaneweg«) 19
Cap d'Artrutx 7, 74
Cap de Bajolí 7
Cap de Cavallería 56
Cap de Favàritx 53, 54, **57,** 60
Cap Freu 7
Cap Sa Mola 7
Es Canutells 49
Casat de Formet (Herrensitz) 49
Es Castell 16, 30, **34ff.,** 44, 88
Castillo de San Felipe 16, **35,** 40, 46
Ciutadella 6, 8, 9, 12, 18, 19, 25, 26, 27, 29, 30, 31, 33, 39, 40, 44, 67, 71, 73, 74, 75, **76-85,** 87, 88, 89, 90, 93
Cova d'es Coloms 70
Cova Polida 56
Cova de Parella 74
Curnia (Landgut, *talaiot*) 47
Los Delfines 82, **83**
Ferreríes 6, 15, 27, 30, 31, 44, 58, **67ff.,** 90
Fornells 9, 30, 31, 44, **53-56,** 64, 89
Fort Marlborough 35
Es Grau (Ort) 56ff.
Es Grau (Naturschutzgebiet) 18, 45, 54, **57f.,** 61
Golden Farm (Landgut) 45
Hort de Sant Patrici (Landgut) 67
Illa de l'Aire 7, 51
Illa de les Bledes 7
Illa d'en Colom 7, 45, 56, **57**
Illa dels Porros 7
Illa del Rei 45
Illas d'Addaia 7
Isla del Lazareto 35f.
Llucmaçanes 31
Na Macaret 53, **61**
Maó 7, 8, 9, 12, 18f., 21, 23, 25, 26, 27, 29, 30, 31, 33, 34, 35, **36-46,** 67, 75, 76, 82, 86, 87, 88, 89, 90, 93

Marina 75
Es Mercadal 6, 30, 53, **58ff.,** 89
Sa Mesquida 45f.
Es Migjorn Gran 8, 18, 31, 44, **70f.**
Monte Toro 30, 31, 58, **59**
Es Murtar 46
Nau d'es Tudons 18, 74, **84**
Platja Binigaus 71
Platja d'ES Grau 56
Platja Sant Adeodat 71
Platja Sant Tomás 70, **71**
Platja de Son Bou 65f.
Platja de Son Xoriguer 74, 84
Port d'Addaia 53, **60f.**
Port de Maó 30, **44**
Puig de Olives 25
Punta d'es Governador 83
Punta Nati 27, 53, **84f.**
Punta Prima 45, **51**
Sa Roca de S'Indio (»Indianerkopf«) 60
San Jaime (Urbanización) 66
Sant Agustí Vell 71
Sant Climent 31, 44, **46-49**
Sant Cristòfal 44
Sant Joan de Missa 83, 84
Sant Lluís 16, 31, 44, **49ff.,** 89
Sant Tomás 44, 63
Santa Galdana (Urbanización) 68, **69**
Santa Mónica 71
Shangri-La (Feriensiedlung) 57
Son Bou (auch *basílica*) 44, 45, 63, **65f.**
Son Catlar 85
Son Morell 75
Son Parc 61
Son Vivó 83, 84
Son Xoriguer 73, 74
Talatí de Dalt 46
Torelló (Basílica des Fornas, *talaiot*) 46
Torellonet Vell 15
Torralba d'En Salort 66
Torre d'En Gaumés 65, **66**
Torrellafuda 85
Torre Saura Vell 83, 85
Trepuco (*talaiot*) 38, **46**
Los Tronquilos 82

SPRACHFÜHRER SPANISCH

Sprechen und Verstehen ganz einfach

Zur Erleichterung der Aussprache:

c	vor »e, i« stimmloser Lispellaut, stärker als engl. »th«. Bsp.: gracias
ch	stimmloses deutsches »dsch« wie in »Dschungel«
g	vor »e, i« wie deutsches »ch« in »Bach«
gue, gui/que, qui	das »u« ist immer stumm, wie deutsches »g«/»k«
j	immer wie deutsches »ch« in »Bach«
ll, y	wie hartes deutsches »j« zwischen Vokalen. Bsp.: Mallorca
ñ	wie »gn« in »Champagner«
Abkürzung »Am«:	lateinamerikanisch

AUF EINEN BLICK

Ja./Nein.	Sí./No.
Vielleicht.	Quizás.
Bitte./Danke.	Por favor./Gracias.
Vielen Dank!	Muchas gracias.
Gern geschehen.	No hay de qué.
Entschuldigung!	¡Perdón!
Wie bitte?	¿Cómo dice/dices?
Ich verstehe Sie/dich nicht.	No le/la/te entiendo.
Ich spreche nur wenig …	Hablo sólo un poco de …
Können Sie mir bitte helfen?	¿Puede usted ayudarme, por favor?
Ich möchte …	Quisiera…/Desearía…/Me gustaría…
Das gefällt mir (nicht).	(No) me gusta.
Haben Sie …?	¿Tiene usted …?
Wieviel kostet es?	¿Cuánto cuesta?
Wieviel Uhr ist es?	¿Qué hora es?

KENNENLERNEN

Guten Morgen!	¡Buenos días!
Guten Tag!	¡Buenos días!/¡Buenas tardes!
Guten Abend!	¡Buenas tardes!/¡Buenas noches!
Hallo! Grüß dich!	¡Hola! ¿Qué tal?
Mein Name ist …	Me llamo …
Wie ist Ihr Name, bitte?	¿Cómo se llama usted, por favor?
Wie geht es Ihnen/dir?	¿Qué tal está usted?/¿Qué tal?
Danke. Und Ihnen/dir?	Bien, gracias. ¿Y usted/tú?
Auf Wiedersehen!	¡Hasta la vista!/¡Adiós!
Tschüß!	¡Adiós!/¡Hasta luego!
Bis bald!	¡Hasta pronto!
Bis morgen!	¡Hasta mañana!

UNTERWEGS

Auskunft

links/rechts	a la izquierda/a la derecha
geradeaus	todo seguido/derecho
nah/weit	cerca/lejos
Wie weit ist das?	¿A qué distancia está?
Ich möchte … mieten.	Quisiera alquilar …
… ein Auto	… un coche
… ein Fahrrad	… una bicicleta
… ein Boot	… una barca
Bitte, wo ist …?	Perdón, ¿dónde está …
… der Hauptbahnhof	… la estación central?
… die U-Bahn	… el metro?
… der Flughafen	… el aeropuerto?
Zum … Hotel.	Al hotel …

Panne

Ich habe eine Panne.	Tengo una avería.
Würden Sie mir bitte einen Abschleppwagen schicken?	¿Pueden ustedes enviarme un cochegrúa, por favor?
Wo ist hier in der Nähe eine Werkstatt?	¿Hay algún taller por aquí cerca?

Tankstelle

Wo ist bitte die nächste Tankstelle?	¿Dónde está la estación de servicio más cercana, por favor?
Ich möchte … Liter …	Quisiera … litros de …
… Normalbenzin.	… gasolina normal.
… Super./… Diesel.	… súper./… diesel.
… bleifrei/… verbleit.	… sin plomo./… con plomo.
… mit … Oktan.	… de … octanos.
Volltanken, bitte.	Lleno, por favor.

Unfall

Hilfe!	¡Ayuda!, ¡Socorro!
Achtung!	¡Atención!
Vorsicht!	¡Cuidado!
Rufen Sie bitte schnell …	Llame enseguida …
… einen Krankenwagen.	… una ambulancia.
… die Polizei.	… a la policía.
… die Feuerwehr.	… a los bomberos.
Haben Sie Verbandszeug?	¿Tiene usted botiquín de urgencia?
Es war meine Schuld.	Ha sido por mi culpa.
Es war Ihre Schuld.	Ha sido por su culpa.
Geben Sie mir bitte Ihren Namen und Ihre Anschrift.	¿Puede usted darme su nombre y dirección?

SPRACHFÜHRER SPANISCH

ESSEN/UNTERHALTUNG

Wo gibt es hier …
… ein gutes Restaurant?
… ein nicht zu teures
Restaurant?
Gibt es hier eine
gemütliche Kneipe?
Reservieren Sie uns bitte
für heute abend einen
Tisch für 4 Personen.
Auf Ihr Wohl!
Bezahlen, bitte.
Hat es geschmeckt?
Das Essen war ausge-
zeichnet.
Haben Sie einen
Veranstaltungskalender?

¿Dónde hay por aquí cerca …
… un buen restaurante?
… un restaurante no demasiado
caro?
¿Hay por aquí una
taberna acogedora?
¿Puede reservarnos
para esta noche una
mesa para cuatro personas?
¡Salud!
¡La cuenta, por favor!
¿Le/Les ha gustado la comida?
La comida estaba excelente.

¿Tienen ustedes un
programa de espectáculos?

EINKAUFEN

Wo finde ich …?
Apotheke
Bäckerei
Fotoartikel
Kaufhaus
Lebensmittelgeschäft

Markt

Por favor, ¿dónde hay …?
farmacia
panadería
tienda de artículos fotograficós
los grandes almacenes
teinda de comestibles
(*Am* el almacén)
mercado

ÜBERNACHTUNG

Können Sie mir bitte …
empfehlen?
… ein Hotel
… eine Pension
Ich habe bei Ihnen ein
Zimmer reserviert.
Haben Sie noch …
… ein Einzelzimmer
… ein Zweibettzimmer
… mit Dusche/Bad?
… für eine Nacht?
… für eine Woche?
… mit Blick aufs Meer?
Was kostet das Zimmer
mit …
… Frühstück?
… Halbpension?

Perdón, señor/señora/señorita.
¿Podría usted indicarme …
… un hotel?
… una pensión?
He reservado aquí una
habitación.
¿Tienen ustedes …
… una habitación individual
… una habitación doble
… con ducha/baño?
… para una noche?
… para una semana?
… con vistas al mar?
¿Cuánto cuesta la habitación
con …
… desayuno?
… media pensión?

PRAKTISCHE INFORMATIONEN

Arzt

Können Sie mir einen
guten Arzt empfehlen?

¿Puede usted indicarme un buen
médico?

Ich habe …
… Durchfall.
… Fieber.
… Kopfschmerzen.
… Zahnschmerzen.

Tengo …
… colitis.
… fiebre.
… dolor de cabeza.
… dolor de muelas.

Bank

Wo ist hier bitte …
… eine Bank?
… eine Wechselstube?

Por favor, ¿ dónde hay por aquí …
… un banco?
… una oficina de cambio?

Ich möchte … DM (Schil-
ling, Schweizer Franken)
in Peseten (Pesos) wechseln.

Quisiera cambiar … marcos (chelines,
francos suizos) en pesetas (pesos).

Post

Was kostet …
… ein Brief …
… eine Postkarte …
… nach Deutschland?

¿Cuánto cuesta …
… una carta …
… una postal …
… para Alemania?

Zahlen			
0	cero	19	diecinueve
1	un, uno	20	veinte
2	dos	21	veintiuno, -a, veintiún
3	tres	22	veintidós
4	cuatro	30	treinta
5	cinco	40	cuarenta
6	seis	50	cincuenta
7	siete	60	sesenta
8	ocho	70	setenta
9	nueve	80	ochenta
10	diez	90	noventa
11	once	100	cien, ciento
12	doce	200	doscientos, -as
13	trece	1000	mil
14	catorce	2000	dos mil
15	quince	10000	diez mil
16	dieciséis		
17	diecisiete	1/2	medio
18	dieciocho	1/4	un cuarto

SPRACHFÜHRER SPANISCH

Menú
Speisekarte

DESAYUNO	FRÜHSTÜCK
café solo	schwarzer Kaffee
café con leche	Kaffee mit Milch
café descafeinado	koffeinfreier Kaffee
té con leche/limón	Tee mit Milch/Zitrone
infusión (de hierbas)/tisana	Kräutertee
chocolate	Schokolade
zumo de fruta	Fruchtsaft
huevo pasado por agua	weiches Ei
huevos revueltos	Rührei
pan/panecillos/tostadas	Brot/Brötchen/Toast
croissant (*Am* media luna)	Hörnchen
churros	Ölkringel *(Gebäck)*
mantequilla (*Am* manteca)	Butter
queso	Käse
embutido	Wurst
jamón	Schinken
miel	Honig
mermelada	Marmelade
müsli	Müsli
yogur	Joghurt

ENTREMESES/SOPAS	VORSPEISEN/SUPPEN
aceitunas	Oliven
alcachofas	Artischocken
boquerones	Sardellen
caracoles	Schnecken
chorizo	Paprikawurst
ensaladilla rusa	russische Eier
gambas al ajillo	Garnelen in Knoblauchsauce
gazpacho	kalte Suppe aus Tomate, Paprikaschote, Apfel, Öl, Essig usw.
jamón serrano	roher Schinken
mejillones	Miesmuscheln
tortilla (a la) española	Omelett mit Kartoffeln (und Zwiebeln)
tortilla (a la) francesa	einfaches Omelett
salchichón	spanische Salami
salpicón de marisco	Meeresfrüchtesalat
sopa de pescado	Fischsuppe
sopa de verduras (sopa juliana, sopa jardinera)	Gemüsesuppe

PESCADOS Y MARISCOS — FISCH UND MEERESFRÜCHTE

arenque	Hering
atún	Thunfisch
bacalao	Kabeljau, Stockfisch
besugo	Seebrasse
bogavante	Hummer
bonito	Thunfisch
calamares a la romana	panierte Tintenfischringe
dorada	Goldbarsch
gambas	Garnelen
langostinos	Riesengarnelen
lenguado	Seezunge
lubina	See-, Wolfsbarsch
paella	Reisgericht mit Meeresfrüchten und/oder Fleisch
parrillada de pescado	Fisch-Grillplatte
perca	Barsch
pescado a la marinera	in Tomatensoße mit Petersilie gedämpfter Fisch
platija	Scholle
pulpo	großer Tintenfisch
rape	Seeteufel
salmón	Lachs
trucha	Forelle

CARNE Y AVES — FLEISCH UND GEFLÜGEL

asado	Braten
bistec	Beefsteak
carne picada	Hackfleisch
carne de vaca	Rindfleisch
cerdo	Schwein
chuleta (*Am* costeleta)	Kotelett
cocido	Eintopf mit Fleisch, Kichererbsen, Gemüse, Kartoffeln usw.
cochinillo	Spanferkel
cordero	Hammel, Lamm
escalope	Schnitzel
estofado	Schmorbraten
filete	Filet, Lendenstück
guisado	Gulasch, Ragout
hígado	Leber
parrillada de carne	Fleisch-Grillplatte
pato	Ente
pollo	Hähnchen
rosbif	Rostbeef
solomillo	Filet, Lendenstück
ternera	Kalb

SPRACHFÜHRER SPANISCH

ENSALADA Y VERDURAS	SALAT UND GEMÜSE
alcachofas	Artischocken
berenjenas	Auberginen
cebollas	Zwiebeln
coliflor	Blumenkohl
ensalada variada/mixta	gemischter Salat
ensalada del tiempo	Salat der Saison
escarola	Endivie(nsalat)
espárragos	Spargel
garbanzos	Kichererbsen
guisantes	Erbsen
judías	Bohnen
lechuga	Kopfsalat
patatas (*Am* papas)	Kartoffeln
patatas (*Am* papas) fritas	Pommes frites
pepino	Gurke
pimiento	Paprikaschote
pisto (manchego)	geschmorte Paprikaschote, Tomate usw. (mit Kürbis)
setas	Pilze
tomate	Tomate
zanahorias	Karotten

POSTRES, QUESO Y FRUTA	NACHSPEISEN, KÄSE UND OBST
albaricoques (*Am* damascos)	Aprikosen
arroz con leche	Milchreis
compota	Kompott
flan	Karamelpudding
fresas (*Am* frutilla)	Erdbeeren
higos	Feigen
macedonia de frutas	Obstsalat
manzana	Apfel
melocotón (*Am* durazno)	Pfirsich
melón	Melone
naranja	Apfelsine
natillas	Cremespeise
pera	Birne
piña (Am ananás)	Ananas
plátano (*Am* banana)	Banane
queso de cabra	Ziegenkäse
queso (de) Gruyère	Emmentaler Käse
queso manchego	»Mancha«-Käse
queso de oveja	Schafskäse
sandía	Wassermelone
tarta	Torte
toronja	Pampelmuse
uvas	Weintrauben

HELADOS/DULCES	EIS/GEBÄCK
bombón	Praline
café helado	Eiskaffee
chocolate	Schokolade
churros	fettgebackene Hefekringel
copa de helado	Eisbecher
dulces	Süßigkeiten
galletas	Kekse
helado variado	gemischtes Eis
nata	Sahne
tarta de frutas	Obstkuchen

Bebidas
Getränkekarte

BEBIDAS ALCOHOLICAS	ALKOHOLISCHE GETRÄNKE
aguardiente	Schnaps
caña de cerveza	Bier (kleines Glas)
Cariñena	herber Tischwein
cerveza de barril	Bier vom Faß
Chacolí	herber Aperitif
Jerez dulce/oloroso	süßer Sherry
Málaga	sehr süßer Dessertwein
Manzanilla	herber Weißwein
Montilla	herber Aperitif
Moriles	herber Weißwein
Priorato	herber Rot- oder Weißwein (aus Katalonien)
Ribeiro	herber Rotwein (Tischwein aus Galizien)
Rioja	herber Rot- und Weißwein
Sangría	Rotweinbowle (mit Früchten)
Valdepeñas	herber Rot- und Weißwein (aus der »Mancha«)

BEBIDAS NO ALCOHOLICAS	ALKOHOLFREIE GETRÄNKE
agua mineral	Mineralwasser
batido	Milchmixgetränk
gaseosa	Sprudel mit Geschmack
horchata	Erdmandelmilch
leche	Milch
zumo (*Am* jugo) de naranja	Orangensaft